La Catalunya colònia: humiliació, saqueig i espoli.

Lluís G. Pibernat-i-Riera

La Catalunya colònia: humiliació, saqueig i espoli.

Índex

Aquest escrit està dedicat a tots els éssers humans que han sigut darrerament víctimes de la violència i la crueltat exercida en el Regne d'Espanya a conseqüència: de l'acció judicial realitzada pel Tribunal Suprem, l'Audiencia Nacional, els Tribunals Superiors, els abusos de la Policía Nacional, de la Guardia Civil, els Mossos d'Esquadra o a causa de l'activitat facinerosa de les "clavegueres de l'estat". Fets aquests que han sigut reiteradament denunciats per institucions i organismes de defensa dels drets humans i que sovint el Regne d'Espanya ha respost amb el menysteniment i la indiferència pròpies d'un règim autoritari.

El text es va composar entre 2017 i 2019 i es va revisar el 2022. Fet a Leipzig, Barcelona, Camallera, El Caire i Boulder (Co), cal dir que no sols els temps en els quals es feu la reflexió sinó també els llocs, des d'on es feu, foren importants.

Del voler viure descolonitzat.

Sovint en el nostre entorn simbòlic euro-occidental, sotmès com es troba de forma abassegadora a les influències del pensament racional de caràcter il·lustrat, ha dominat una concepció de l'ésser humà que, guiada per una noció de caràcter abstracte sobre l'humà, feia d'aquest ésser viu concret un ésser aliè a les condicions materials i socials en què es dona sempre tota possible existència humana.

És a dir, es considerava primigènia i substancial aquella noció de l'ésser humà que és aliena a les condicions físiques en les quals aquest existeix i que, en canvi, en fa un ésser que existeix com un ésser humà universal (intemporal i sense espai). I això, era i encara és així per a molts, malgrat el fet, del tot evident, que les criatures humanes sols podem existir en un temps i en un lloc concrets. Aquesta propietat de tot ésser material d'ésser en el temps i l'espai no és pas una qüestió sense importància sinó que es tracta d'una característica substancial de tot ésser: no hi ha cap criatura viva que existeixi fora d'un temps i lloc concrets .

Aquest fet fa que el nostre espai o lloc sols pugui, en un moment concret, ser ocupat per una sola criatura i que, en conseqüència, no podem pas considerar ni l'existència de cap criatura sense l'espai-temps concret ni tampoc la de cap altra criatura com existent en aquest mateix espai-temps. I tant és així, insisteixo, que sols es pot donar un veritable existir de tot ésser humà i del seu fer com criatura humana si aquest es produeix en un àmbit d'espai i temps concrets.

Per tant tenim que aquest existir material de tota criatura humana, en un espai–temps concret, és condició necessària per a l'existència de qualsevol viure humà. A aquesta condició cal afegir que tot viure humà, en tant que humà, es realitza en un món simbòlic (el món entre humans, el món humanitzat). Aquest món simbòlic que, com he dit, no és pas el fonament de l'existir de l'ésser viu que coneixem com humà, ja que el fonament primer de l'existir és l'ésser criatura viva, sí és però, en canvi, una condició precisa i necessària per a tota criatura humana. Ja que aquest món simbòlic constitueix el conjunt de condicions de possibilitat que fan de tota criatura viva un humà i que com humà és sempre un humà entre humans. Conseqüència del dit és que, malgrat que aquest món simbòlic no és en ell mateix dimensional com ocórrer al món material, aquest món simbòlic, pel fet d'ésser sostingut sempre per humans entre humans, sols és possible la seva presència i realització en un espai i temps concrets. I no pot ésser altrament, doncs no hi ha ésser humà sense ser en l'espai i el temps i és més els mons simbòlics, el quals com he dit sols són a través dels col·lectius humans, sempre existeixen en espais i temps humanament concrets i compartits. Els humans són aquells que construeixen i sostenen aquests mons simbòlics, mons que són els nosaltres davant tots els altres nosaltres. Aquests altres nosaltres (l'estrany, l'estranger) constructors, sostenidors i compartidors, a la vegada, d'altres mons simbòlics. Uns mons simbòlics, que sempre són igualment humans i igualment coetanis, com ho és el nostre per nosaltres i pels altres.

Viure descolonitzat, el motiu d'aquest escrit, no és altre que indicar com és l'existència d'un jo i d'un nosaltres no colonitzat. Ara bé, què és el viure colonitzat? Sabem que tot món simbòlic és tan humà com qualsevol altre món simbòlic i que cap món simbòlic del present ni és més actual ni té més "humanitat" que cap altre (Sousa Santos, 2010:49) i, també, som coneixedors que tot món simbòlic (nosaltres humà) sols pot donar-se en l'espai-temps, però quan un nosaltres existeix en un món simbòlic i aquest ho fa o bé negant-se a ell mateix la presència i l'existir en el seu espai i temps o bé acceptant el poder d'un altre que li nega l'espai i el temps, aleshores, som en presència d'un jo colonitzat. De tal manera que és aquest negar el dret i el fet d'existir des de la singularitat i la diferència, en tant que ésser humà singular o en tant que grup humà comú i diferenciat, allò que fa d'una criatura humana i del seu grup humà uns éssers colonitzats.

Si, tal com passa, jo mateix soc un humà colonitzat i el meu món simbòlic és un món sotmès a un poder colonial, serà des d'aquesta pròpia experiència humana que procediré a estudiar: el viure sota la colonització, la possibilitat de la descolonització i el com construir un existir post-colonial.

Capítol 1. L'ocultació de l'altre.

La condició primera i fonamental de tota colonització és l'ocultació de l'altre (jo o nosaltres). L'altre sols és, veritablement, un ésser humà si és igual al jo o al nosaltres colonitzador, altrament és concebut pel colonitzador com un mode erroni d'ésser criatura humana. Així, el colonitzador té l'obligació de canviar aquest mode erroni de ser i fer-lo igual al del colonitzador. De manera tal que cal que faci del colonitzat un colonitzador més, un ésser més del món simbòlic colonitzador, fins al punt que no li és permesa al colonitzat una existència pròpia, singular, diferenciada i valuosament equivalent a la del colonitzador. Aquesta condició necessària d'ocultació (del primitiu, de l'inhumà, del quasi bèstia,...) provoca que, des del món simbòlic colonial, una criatura humana sigui anorreada com humà i s'actuï cap a aquesta com si fos un no-ésser. Així davant nostre tenim un ésser humà o una comunitat de criatures humanes que des del món simbòlic del colonitzador queden desposseïts: en primer lloc, de l'espai-temps (aquest humà o la comunitat esdevenen un ésser no present) i, en segon lloc, se'ls nega que la seva experiència sigui una experiència humana i que la seva memòria sigui una memòria humana.

Secció a. El jo colonitzat com a mode d'existir.

Freqüentment s'ha lligat en el present l'ésser un territori colonitzat amb ésser un espai que s'ubica geogràficament allunyat de l'indret de l'estat colonitzador. Ara bé l'anàlisi del fet colonial com a forma d'existència humana ha permès descobrir dins de l'interior de territoris descolonitzats l'existència de comunitats territorials sotmeses a l'estat de colònia interna. Sense cap mena de dubte a dins dels estats actuals hi podem observar l'existència de territoris-comunitats sotmeses avui en dia a l'estatus de colònia interna; colònia interna, en aquest cas, d'un antic o actual estat colonial. Si són múltiples els estudis del fenomen en relació als territoris colònia interna d'un estat descolonitzat, no en conec sobre allò que aquí mostraré: l'existència de l'estatus de colònia interna en territoris-comunitat que es troben a dins de l'espai territorial d'antics estats colonials. Per tal d'exemplificar el dit procediré, doncs, a mostrar com aquest territori-comunitat que coneixem com Catalunya és realment una colònia interna del regne d'Espanya.

1. Catalunya: model de colònia interna del Regne d'Espanya dins l'àmbit de la Unió Europea.

Sé que una bona part tant dels meus conciutadans com d'aquells que són coneixedors de la recent història de l'Estat Espanyol, creuen que el Regne d'Espanya, que es sosté en la Constitució del 78, és o bé un estat democràtic de caràcter federal o bé un estat democràtic. Un estat que, amb alguna petita reforma, garanteix la igualtat col·lectiva de les diverses comunitats nacionals que hi són presents. D'aquesta manera, no hi hauria cap dificultat greu que la nostra comunitat fos reconeguda, dins del marc estatal del Regne d'Espanya, en tots els seus drets i que, en conseqüència, els nostres veritables problemes és limitessin a ser de caràcter econòmic–social i no fossin pas substancialment diferents que aquells que es poden observar en les comunitats que s'identifiquen amb l'actual estructura institucional i els símbols del Regne d'Espanya.

Jo per la meva part, però, penso que si no incloem una nova consideració que ens permeti millor comprendre que és aquesta comunitat de persones que anomenem Catalunya, dins el marc polític i jurídic que és el Regne d'Espanya, ara com ara, no serem pas capaços d'explicar–nos correctament molts del fets que han pesat i pesen sobre la nostre comunitat i molt especialment la nul·la separació material entre els nostres problemes socials i econòmics i la nostra inexistència com a col·lectiu sobirà.

Els esdeveniments ocorreguts a Catalunya els darers temps, farcits d´actes criminals propis de les metròpolis colonitzadores, porten a pensar si no fora cert que fins avui, jo i molts com jo, he i hem viscut sota un greu miratge. És a dir, vivia sota una inadvertència quan sols considerava tot allò que veia al meu voltant (a Catalunya) com una qüestió de pauperització genèrica. Pauperització aquesta que era la mateixa que patia la gran majoria de la població del Regne d'Espanya, la de ciutadans d'altres estats de la Unió Europea o la d'habitants d'altres indrets del món. Limitant així la pauperització, sota aquesta evolució del pensament racionalista il·lustrat, a ser sols considerada com producte de l'explotació "de classes" i no veure que hi ha tot un conjunt molt més ampli d'explotacions (patriarcal, racial, colonial ...). Explotacions aquestes que s'oculten quan és limita tota explicació a l'explotació "de classes". D'aquesta manera, tot i que penso que hi ha una clara explotació de la majoria de la població i que les estructures de l'administració del poder estan, de forma general, totes elles sotmeses als interessos de les oligarquies econòmiques, considero, però, que aquesta explotació "de classe" no ha mai d'ocultar-nos i tapar-nos totes les altres explotacions. D'aquesta manera, aquí (al meu país) ens cal tenir clar que no som sols davant d'una simple explotació "de classe", sinó que també patim una explotació de caràcter colonial. Explotació aquesta sota la qual, personal i comunitàriament, visc i que han desvelat de forma evident les accions fetes a Catalunya per les institucions i els organismes del Regne d'Espanya.

Com he dit a l'inici, pot sorprendre aquesta condició de colonial, doncs això fa que: Per una banda, hagi i tinguem que assumir-nos, la comunitat dels catalans, com un col·lectiu humà colonitzat; fet aquest que suposa, des del món simbòlic que domina el pensament euro-occidental, que hom existeix en últim cas sols com un ésser des-humanitzat i menystingut. Per una altra banda, de manera general, també suposa que era fals allò que havia i havíem pensat que aquest tipus de domini i explotació colonial era propi de territoris forans. És més, tot fent un simple repàs al nostre passat pròxim és del tot evident la participació de membres de la meva comunitat en l'explotació colonial d'altres comunitats (Cuba, Filipines, Marroc,...). Ara bé, el més sorprenent, en el meu cas, és el descobrir-nos no sols sota aquest passat de col·laboracionisme en l'opressió colonial, sinó l'haver sigut i l'ésser al mateix temps víctimes també de colonització. Com és que també som víctimes d'un procés colonial? El motiu és que no es dona pas l'explotació colonial solament en espais extra europeus, aquells on des d'una explicació euro-cèntrica de la descolonització sols s'accepta alguns territoris-comunitats extra europeus com territoris "veritablement" colonials, sinó que hi ha dins dels estats de la pròpia Unió Europea comunitats i territoris que viuen sotmeses a aquest estatus colonial que és el de colònia interna.

Colònia interna aquesta que, això sí, presenta algunes diferències enfront a altres colònies internes que podem observar en estats de fora de la Unió Europea.

I què és això que anomenem una colònia interna? Darrerament s'ha anat dient i afirmant que Catalunya és una colònia d'Espanya. Considero, però, que aquesta afirmació és un greu error conceptual i una evident falsedat. Al contrari, l'afirmació que Catalunya és una "colònia interna" del Regne d'Espanya és, al meu parer, certa, puix si bé les condicions de colònia no es compleixen, si que aquelles que s'exigeixen per tal de poder aplicar a una comunitat la categoria de "colònia interna", tal com exposaré, es compleixen abastament en el cas de Catalunya envers el Regne d'Espanya.

Per què considero que Catalunya no és una colònia del Regne d'Espanya i sí que és una "colònia interna"? Per tal respondre a aquesta pregunta analitzaré les categories polítiques de colònia i de colònia interna. Així, tot primer examinaré què significa la categoria política de "colònia" i posteriorment faré el mateix amb la categoria de "colònia interna".

Examinem doncs la categoria de colònia. Aquesta categoria, com a categoria política, el diccionari de l'Institut d'Estudis Catalans la defineix de la següent manera: "Territori sotmès al domini polític, militar i econòmic d'una potència forana, regit generalment per una legislació especial". Com podem veure, aquest terme, colònia, és fonamenta en la cosmovisió política dominant en l'Europa il·lustrada i post-il·lustrada i, com a tal, és una categoria política euro-cèntrica. I és aquesta categoria la que regeix de manera genèrica els territoris que d'acord, també, amb aquesta visió euro-cèntrica, imposada pels estats imperial-colonials, podrien, si fos el cas, ser subjectes de processos de descolonització (violents o acordats) i esdevenir després estats independents. En aquest sentit foren colònia el Marroc, Algèria, la Índia, Cuba, Guinea Equatorial, etc., tots territoris que posteriorment han anat constituint-se en estats independents, malgrat que molts d'ells estiguin, avui en dia, sotmesos al neocolonialisme.

Considerem ara la categoria de "colònia interna". El primer que va fer ús de l'expressió de "colonialisme intern" va ser C. Wright Mills, tot i que qui primer va conceptualitzar aquesta categoria fou el sociòleg mexicà Pablo Gonzalez Casanova en un article publicat l'any 1963 que es titulava: *"Sociedad plural, colonialismo interno y desarrollo"*. Aquesta categoria ha estat àmpliament usada sobretot en l'àmbit del pensament perifèric per les comunitats minoritzades (amerindis, africans, etc.). Es tracta, doncs, d'una categoria aliena a l'euro-centrisme i tal com escriu González Casanova (2003:2)

"El colonialismo interno ha sido una categoría tabú para muy distintas corrientes ideológicas. Para

los ideólogos del imperialismo porque no pueden concebir que se den las relaciones de comercio inequitativo, desigualdad y explotación ni en un plano internacional ni a nivel interno. Para los ideólogos que luchan con los movimientos de liberación nacional o por el socialismo porque, una vez en el poder, olvidados del pensamiento dialéctico o ayunos del mismo, no aceptan reconocer que el Estado-Nación que dirigen o al que sirven, mantiene y renueva muchas de las estructuras coloniales internas que prevalecían durante el dominio colonial o burgués."

Quines són aleshores les comunitats que són subjecte de colònia interna? Com diu González Casanova (2003:3) són "colònia interna" aquelles comunitats que malgrat que els seus membres són també membres d'un estat descolonitzat viuen dins d'aquest estat en tant que individus de la seva comunitat (el seu món simbòlic) com si fossin subjectes colonials. És a dir, per una banda, són subjectes d'exclusió cultural i en conseqüència: en primer lloc, són discriminats sigui per l'aspecte físic (indis, negres, etc.), sigui per la religió, sigui per la llengua etc., en segon lloc, són exclosos d'algunes funcions públiques (no cal pas que l'exclusió sigui especificada legalment – cas de l'apartheid–, n'hi ha prou amb que sigui sabuda – sols renunciant al món simbòlic propi s'esdevé humà no exclòs–) i en tercer lloc, estan subjectes a la invisibilitat social pel món simbòlic colonial dominant. Per una altre banda són subjectes a l'explotació econòmica, ja que d'alguna manera l'estat facilita a les seves oligarquies econòmiques la extracció de botí i rendes d'aquesta comunitat.

Així, d'acord amb això que acabo de dir, el Marroc hauria estat una colònia de la República Francesa i del Regne d'Espanya. Colònia aquesta, que va passar per un procés de descolonització de manera tal que actualment el Regne de Marroc és un estat independent. En aquest estat, un cop constituït en estat independent, hi ha una comunitat, l'Amazic, la qual viu com a "colònia interna" del Regne del Marroc. Per tant, com podem veure, no són pas iguals les categories de colònia i de colònia interna.

Tornem ara, però, a observar el cas de Catalunya, és evident que ni el Regne d'Espanya, ni la República Francesa, ni la Gran Bretanya són estats descolonitzats sinó que, com tothom sap, han estat i són estats imperials-colonitzadors. Ara bé, això no ens ha pas d'impedir l'ús d'aquesta categoria per tal d'entendre les comunitats minoritàries presents dins dels territoris sota el poder d'aquests estats, tant sols ens obliga a fer atenció a l'estatus diferent que presenten les metròpolis d'aquests estats a l'hora d'aplicar la categoria de "colònia interna" a les seves comunitats. Per tant, tot tenint en compte aquest fet, aplico la categoria de "colònia interna" a Catalunya, una comunitat d'un d'aquests estats, i tal com mostraré l'ús d'aquesta categoria permet entendre molt més clarament la passada i present situació política, jurídica i econòmica en la que es troba aquesta comunitat com a tal comunitat, situació que fins ara l'absència epistèmica de categories n'havia dificultat el tenir una correcta comprensió.

En què fonamento que sigui aplicable a Catalunya la categoria de colònia interna d'un estat de la Unió Europea?

Baso l'aplicació a Catalunya de la categoria de "lloc sotmès al colonialisme intern" per part de Regne d'Espanya, en el fet que el conjunt dels seus habitants s'ha vist afectat, tant en el passat com en el present, per les següents circumstàncies:

En primer lloc, és evident que en darrer cas el govern de Catalunya no és un govern que es fonamenti en la sobirania de la ciutadania de Catalunya. Aquesta afirmació l'evidencia fets com el resultat de les accions polítiques produïdes després d'allò que coneixem com "el 155". I entenc per "el 155", no allò que pugui dir o interpretar-se de l'article 155 del text constitucional sinó a les conseqüències que en l'exercici de la sobirania mostren les mesures aplicades pel govern del Regne d'Espanya sobre el territori de Catalunya. És a dir, la sobirania d'aquesta comunitat humana no té el fonament últim en la voluntat col·lectiva de la ciutadania de Catalunya que és expressada en les urnes i executada pel Parlament de Catalunya (com a representació d'aquesta sobirania col·lectiva), sinó que el govern de Catalunya es troba sotmès a la voluntat política, jurídica i econòmica de la metròpoli, d'igual mode que els ocorre als governs de qualsevol dels territoris sotmesos a una administració colonial. El Parlament de Catalunya, així com el seu govern i, evidentment, la ciutadania tenen restringida la seva sobirania i no poden en cap cas posar en qüestió l'exercici del poder de la metròpoli sobre el territori.

En segon lloc, aquesta restricció de sobirania no és limita a la constitució d'un possible estat independent sinó que va molt més enllà, la comunitat té restringida de manera continua la capacitat legislativa en el seu propi territori i és sotmesa en tot moment als interessos de les oligarquies de la metròpoli (anul·lació de lleis socials, etc.), que la restricció es faci sovint mitjançant la formalitat d'un Tribunal Constitucional no canvia res. A més a més tots els governs del regne han expressat la seva voluntat de limitar els subjectes que poden ser tractats de manera lliure en el Parlament de Catalunya (monarquia, autodeterminació). Aleshores, no es pot pas homologar aquest Parlament a aquells que hi ha en estats liberals europeus, ja que les formes de dissoldre'l o la limitació de les qüestions a debatre el fan no un subjecte legislatiu sobirà sinó que el limiten a ser una estructura de caràcter administratiu. Òrgan, així, que té una forta dependència tant de l'executiu espanyol com dels partits polítics majoritaris presents en les estructures de poder de la metròpoli i la majoria d'ells amb escassa representativitat a Catalunya.

En tercer lloc, veiem clarament com s'exerceix sobre Catalunya un control continuat mitjançant tot un conjunt de institucions que tenen el seus centres de poder a la metròpoli i que són presents com a tals sobre el territori de Catalunya amb el referent d'un món simbòlic aliè al món simbòlic de la comunitat–territorial catalana (poder judicial institucionalment no català, poder militar unitarista i cossos policials de dependència solament de la metròpoli, poder econòmic lligat a l'activitat rendista cortesana, administració financera de la metròpoli, etc.).

En quart lloc, les elits territorials presents a Catalunya mostren un marcat caràcter colonial, és a dir, actuen com "assimilades" a la Cort del Regne (varietat del mode del món simbòlic dominant de la metròpoli). Aquest fet el veiem clarament en col·lectius més o menys institucionalitzats com poden ser: Pont Aeri, Cercle d'Economia, Foment del Treball Nacional, etc. i configuren allò que la ideologia de la metròpoli considera "varietat regional", invisibles socialment com comunitat singular. Resseguint el que diu Ngũgî Wa Thiong'o (2017) podem dir que la catalanofòbia (el racisme) produeix una elit dotada d'allò que Frantz Fanon va descriure una vegada com un incurable desig d'identificació permanent amb Occident (en el cas de Catalunya seria amb els valors nacionals espanyolistes del Regne d'Espanya).

En cinquè lloc, les accions de caràcter econòmic, polític, social i cultural són regulades sempre, en darrer terme, pel poder del Regne d'Espanya (Govern del Regne d'Espanya, Tribunal Constitucional, etc.) i no solament des de l'àmbit d'allò que habitualment considerem "la dreta", sinó també des dels marcs "d'esquerra", com ara:

els partits polítics de l'esquerra "nacional", els sindicats estatals, etc.

En sisè i darrer lloc, tenim que en la representació simbòlica que des de l'estructures epistèmiques i dels valors dominants del Regne d'Espanya s'elabora sobre els catalans, si aquests "sí exerceixen" de catalans són considerats éssers d'una comunitat "inferior", són endarrerits (volen una societat no moderna -nostàlgies medievals, furs carlistes,...-), no són universalistes (no són ciutadans del món com cal ésser en el nostre món globalitzat), són ignorants (usen una llengua de pocs poden usar una llengua universal, com és l'espanyol), etc. És a dir, són objecte de deshumanització, l'humà és el metropolità.

Deia abans que les comunitats sotmeses a un domini de caràcter "colonial intern" presenten exclusió cultural i explotació econòmica. Veiem aquests fets respecte a Catalunya. Si fem repàs a l'exclusió cultural tenim: en primer lloc l'evidencia absoluta que la comunitat catalana és subjecte de discriminació, (ho és, per exemple, lingüísticament en l'àmbit dels organismes del poder central amb la imposició constitucional de l'espanyol, institucions i organismes de representació estatal unilingües -espanyol-, etc.), en segon lloc és subjecte d'exclusió social, l'exclusió no cal que sigui legislada -"de iure"- ni que sigui total n´hi ha prou en què sigui un fet de tothom conegut -"de facto"- i evident com a tendència (per exemple, els fets mostren que difícilment algú de Catalunya, que reconegui la sobirania de la comunitat i en conseqüència el seu dret d'autodeterminació com un dret superior a qualsevol altre de la metròpoli, ha ocupat o ocuparà la presidència del govern del Regne d'Espanya o bé d'altres càrrecs públics de caràcter principal i no subsidiaris, etc.). Al dit cal afegir la invisibilitat social (és evident que elements singulars i principals de la comunitat catalana -llengua, etc.- tenen una escassíssima presència tant en el medis de comunicació estatals del regne com en l'acció cultural i educativa que depèn de l'acció de les estructures d'estat del Regne d'Espanya). Si ara fem repàs a l'explotació econòmica, són evidents fets com: la manca de retorn dels impostos, escassa inversió en el territori sinó és per tal d'afavorir els interessos econòmics extractius adreçats a l'obtenció de *boti* o rendes per part de la oligarquia de la Cort. Les accions de pressió a les empreses -sobretot aquelles que depenen més directament de les estructures de poder del Regne d'Espanya - per tal de procedir a la deslocalització ni que sigui simbòlica d'aquestes, etc.

2. El Regne d'Espanya i la prohibida descolonització de Catalunya.

Els darrers actes de sotmetiment, forçats sota tot tipus de violències, de la voluntat popular de Catalunya a la voluntat superior que és el poder estatal del Regne d'Espanya evidencia, un cop més, la nul·la intenció del poder real de l'Estat espanyol d'iniciar cap procés de caràcter democràtic adreçat a constituir-se com un territori de sobiranies compartides amb qualsevol de les diverses comunitats nacionals que, sota l'estatus de "colònies internes", hi ha actualment en el territori sota el seu domini.

Dins l'actual marc dels països que formen part de la Unió Europea, les diverses comunitats nacionals que es troben, com a conseqüència de la construcció històrica dels diversos estats nació europeus, sota l'estatus de "colònia interna", sols tenen, totes elles, tres possibles camins polítics futurs: El primer és continuar sent com ara "colònies internes" i com a tals ser objecte d'explotació social, econòmica i cultural per part de la metròpoli i en aquest camí anar cap a un procés d'assimilació i de desaparició com a comunitat nacional. Els altres dos camins, el segon i el tercer, contenen un element comú i és el reconèixer a aquella comunitat nacional, que és "colònia interna", el seu dret a l'exercici de la seva sobirania plena; és a dir, a considerar que la comunitat nacional té un dret absolut a decidir ella mateixa quina ha de ser la forma i manera de la seva pròpia governança. La diferència entre el segon i el tercer camins és que en el segon la comunitat nacional ("colònia interna") decideix continuar formant part de l'anterior estat colonitzador, ara però com a comunitat descolonitzada i amb igualtat de drets i de fets dels seus membres amb els de l'antiga comunitat colonitzadora. I això de la única forma possible de realització, l'existència d'una sobirania que possibilita en alguns assumptes la governança independent i en altres la compartida, però que la decisió del tipus de governança sempre és fonamentada en la pròpia voluntat de la comunitat (un exemple clar del dit ho serien els cantons suïssos). En el tercer camí la comunitat nacional decideix no compartir cap sobirania amb l'anterior estat colonial i esdevé un estat independent, d'aquest i d'aquesta manera queda descolonitzat de l'antic estat imperial-colonial (exemple d'això ho serien: Txèquia i Eslovàquia, les repúbliques bàltiques i altres estats descolonitzats de l'antiga Unió Soviètica o els estats sorgits de l'antiga Iugoslàvia).

Si ara fem un repàs als fets ocorreguts els darrers temps en el Regne d'Espanya veiem que si en algun grau a l'inici el règim del 78 va plantejar la possibilitat d'iniciar un procés de sobiranies compartides que permetessin anar transformant el vell estat imperial-colonial espanyol en un estat en el que les diverses comunitats nacionals poguessin conviure evitant l'estatus de "colònia interna", que havia estat el dominant en l'estructura estatal des de la construcció de l'estat imperial colonial de les espanyes (Espanyol). Doncs, si així semblava que s'havia començat a desenvolupar un inici de sobiranies compartides aquest va quedar radicalment aturar amb el cop d'estat del 23 de febrer del 1981. Cop d'estat que des del punt que aquí ens interessa no va ser pas un cop d'estat fallit sinó que, tot el contrari, va ser un cop d'estat absolutament triomfant. D'aquesta manera, a partir del 1981, els poders de l'estat tradicionals del Regne d'Espanya, aquells que sols en alguns moments del breu període republicà havien vist qüestionat el seu poder en algun grau, aturaren qualsevol cessió de sobiranies polítiques compartides i no solament això, sinó que iniciaren un ampli procés d'increment de l'explotació imperial de les seves "colònies internes". Aquesta explotació, com ja he dit, s'evidencia amb la presència d'una explotació econòmica que no té sols un caràcter exclusivament "capitalista" (de classes), com aquella a la que pot estar sotmesa la població de Castella, Murcia, etc., sinó que és una explotació fonamentalment colonial i que podem observar com és practicada en totes les "colònies internes" del Regne d'Espanya: les Illes, el País Valencià, Catalunya i altres. En aquestes comunitats a l'explotació econòmica colonial s'afegeix una continua acció legislativa i reglamentaria de característiques colonials adreçada a empetití en tot moment la presència pública de les seves singularitats (obligacions de l'ús de la llengua espanyola), d'aquesta manera hi ha una acció de fòbia continua exercida pels mitjans de comunicació, sota el domini de l'oligarquia de la Cort, contra el món simbòlic singular i diferencial de les minories nacionals. Aquesta acció és realitzada amb la finalitat d'assolir l'assimilació i la desaparició de la comunitat singular present en la "colònia interna".

Pel que fa a Catalunya el tracte de "colònia interna" i tot el menysteniment, l'explotació i la humiliació que l'acompanyen s'ha anat fent cada cop major a partir de l'any 2000 i no ha fet des d'aquell moment res més que augmentar. Així no ens ha pas d'estranyar, ara, ni el fracàs de l'estatut del 2006, ni el cop d'estat del 155, ni la continuada acció repressiva d'una bona part de l'aparell judicial de l'estat i especialment dels alts tribunals del Regne d'Espanya o la violència legalitzada exercida amb tota llibertat per part de les forces de seguretat de l'estat amb l'aprovació i beneplàcit de la institució monàrquica. A això s'afegeix la continuïtat en la persecució i criminalització de tota defensa i realització dels drets sobirans de la comunitat, drets aquests que, encara avui, s'exerceixen sota el temor d'ésser contestats amb actes de violència que sols depenen de l'absoluta discrecionalitat de les institucions estatals del Regne d'Espanya.

Aquesta acció de repressió a fet de la majoria dels membres de la meva comunitat uns purs súbdits de l'actual Regne d'Espanya. Súbdits que, atemorits, no ens cal per ben res, cap institució d'aquest Regne, profundament corromput, i que si hi és, ara i aquí, sols és per fer-nos viure com uns indígenes contínuament espoliats, humiliats i menystinguts.

3. La singularitat d'ésser "colònia interna" d'un estat eurooccidental.

Com ja he dit, considero que l'estatus polític de Catalunya dins el Regne d'Espanya no és altre que el de "colònia interna". Però, quina és la tipologia de "colònia interna" que és Catalunya, d'acord amb un pensament de(s)colonitzador, si com és evident és un territori de l'àmbit cultural Europeu?

Com ja sabem, a una gran part dels antics països colonials, un cop produïts els processos de descolonització, hi ha comunitats que, en el seu interior, són allò que es coneix amb el nom de "colònia interna". Aquest estatus, com ja hem vist, es va començar a aplicar a comunitats que eren i són culturalment alienes a la cultura Europea (amerindis, afroamericans,...). És a dir, a comunitats que no pertanyen al marc cultural d'allò que, els creadors del concepte "colònia interna", en diuen el sistema epistèmic greco-llatí i als seus desenvolupaments euro-occidentals. És tracta de comunitats alienes a aquell saber que essent-los forà va ser-los imposat (religió, estructura política, legislació,..) en els territoris ocupats per part dels imperis colonials moderns. Aquests imperis colonials moderns són primer l'Espanyol i el Portuguès i posteriorment els de França, Gran Bretanya, Holanda i Alemanya. Ara bé, jo he usat aquests conceptes en l'àmbit del món cultural Europeu (Catalunya). I és que considero, sobretot després de les experiències recents, que aquesta categoria ens permet comprendre molt millor l'estatus polític real que tenen les minories culturals dins dels estats nació europeus, encara que aquestes formin part del sistema epistèmic greco-llatí i del seu desenvolupament euro-occidental. I, a més a més, que pot ser-nos de gran ajuda per tal de poder entendre la situació política i social, d'aquells humans que constituïm comunitats minoritàries (els corsos, els catalans, etc.) dins dels estats que formen part d'aquest conjunt de poders imperial–colonials. I sobretot d'aquells que més fortament mantenen, encara ara, l'estructura unitarista de metròpoli dominant (Regne d'Espanya i República Francesa).

És evident, que fenòmens d'ocupació colonial n'hi ha hagut molts en el passat. Ara bé, la característica que diferència aquests estats colonials moderns dels altres, tant del passat com del present, és que a la fonamentació del poder en una victòria militar hi afegeix la existència i pervivència en ells del supremacisme blanc. Aquest supremacisme considera al vençut com racialment inferior i arriba, fins i tot, al grau de dubtar de la humanitat del (home) no blanc. Fet aquest que donarà les bases i fonaments legals a l'esclavatge modern. En les colònies d'aquests estats, fins l'abolicionisme, hi va ser present l'esclavatge (modern) dels negres. Aquest supremacisme blanc, originat en l'acció imperial colonial del passat (Amèrica), com he dit, dona les bases del racisme. Un racisme pseudo–científic, que en un principi es fonamenta en la diferencia visual del color de la pell i que anirà adquirint l'aspecte actual al llarg dels segles XIX i XX. Són aquestes darreres evolucions les que proporcionaran les bases pseudo–científiques que finalment pretendran explicar les diferenciacions racials entre els "blancs més blancs". Diferenciacions aquestes que, actualment, són presents tant en el supremacisme espanyolista en el Regne d'Espanya, com en el supremacisme xovinista francès en la República Francesa. Ambdós comparteixen la característica de presentar-se com símbol de progrés (cultures més avançades enfront a les endarrerides) i com a no nacionalistes (ells són universalistes i cosmopolites).

Sota aquests supremacismes universalistes i cosmopolites, quan es dona el cas que una comunitat minoritària dels seus territoris afirma una voluntat d'igualtat de drets (lingüístics, sobirania comunitària,...) en front d'ells, i es nega a continuar existint en un estatus d'inferioritat, aleshores, aquesta és considerada trencadora de la comunitat, agressora de la col·lectivitat, practicant de nacionalismes invasius, etc. En conseqüència, el poder es considera legitimat per a exercir, amb tota la seva legalitat, els actes de força necessaris per tal de mantenir el seu estatus de dominant. Els posseïdors de la cultura superior consideren que tenen tot el dret i, a més a més, el deure, com a superiors que són, a corregir a aquells que, inferiors i ignorants com són, porten a la comunitat per un camí de retrocés social, econòmic, etc. Exemples del dit ho són, abastament, tant molt fets del passat com tots aquells que ocorren d'un temps ençà a Catalunya.

Aquesta subordinació comunitària (negació de sobirania, negació d'igualtat cultural, etc.) és, en el cas de les comunitats minoritàries de Europa, el tret fonamental que les fa tenir l'estatus de "colònia interna". I com a tals poden ser i són, amb tota llibertat, subjecte de tot tipus d'espoli (substitució cultural, botí econòmic,...) per part de les oligarquies de la metròpoli.

Veiem, aleshores, que el fet de tenir una comunitat unes arrels culturals euro-cèntriques no evita, a aquesta, ser objecte de tracte colonial-imperial com a "colònia interna". A causa d'aquest estatus a les formes d'explotació econòmica i social, que es puguin donar, cal afegir les que es generen com a conseqüència d'ésser una "colònia interna". D'aquesta manera cal que els membres de la comunitat siguin coneixedors que si la comunitat no aconsegueix deixar d'ésser una "colònia interna" – i sols es pot suprimir aquest estatus amb la ruptura del domini de les oligarquies metropolitanes (al Regne d'Espanya l'oligarquia de la Cort)- la comunitat va encaminada cap un procés de desaparició via a quedar reduïda, en el millor dels casos, a allò que, en llenguatge colonial, coneixem com una "reserva ètnica".

Secció b. Viure sense drets en l'espai dels drets.

1. La despatriarcalització de l'acció política, criatura versus raça.

La tossuderia d'una gran part de la comunitat catalana, sobretot d'aquella que es considera dipositaria del dret comunitari d'autodeterminació, en la realització d'un referèndum, amb la finalitat de decidir el com volia aquesta col·lectivitat institucionalitzar la seva sobirania política, va fer sorgir la construcció de nou mode de "catalanisme". Aquest nou "catalanisme" ("Catalanisme sobiranista") volia resoldre, de manera pacífica, el problema d'on prové l'autoritat política i fer-ho al contrari de com sempre s'havia fet amb l'ocupació territorial, de forma ferotge, per part dels aparells que gestionen la "violència institucional" del Regne d'Espanya, tot reduint de fet la comunitat dels catalans a una "colònia interna" i sotmetent, així, la voluntat de la comunitat a la voluntat aliena de la metròpolis.

Aquest "catalanisme sobiranista" va anar construint, més enllà del patriarcalisme que encara avui regeix l'acció dels partits polítics majoritaris, un moviment de feminització de la política que quedava expressat, al meu parer, pels dos aspectes que explicaré a continuació. El primer era el domini radical de l'acció política no violenta en el fer polític i aquest mode d'acció es situava enfront d'un poder que havia i ha mostrat de manera reiterada l'ús de la força i la violència institucional com el seu fer habitual davant aquells que considera els seus enemics i no un simples adversaris. El segon era l'articulació a l'entorn de l'objectiu del sobiranisme d'una gran quantitat d'agrupacions, col·lectius, institucions, etc. que eren alienes a l'estricta estructura del poder polític de la governança i que depenien fonamentalment de l'acció lliure i voluntària de la ciutadania en l'espai públic. La conjunció del dos fets constituïen, al meu parer, el trencament definitiu, d'una bona part de la meva societat, amb aquell "catalanisme regionalista" d'arrel romàntica que sorgit en els entorns de la Renaixença i que lligat a l'oligarquia de la Cort sempre havia sigut un col·laborador necessari en l'acció d'un Regne d'Espanya de caràcter imperial i patriarcal. "Catalanisme regionalista" aquest que era el que havia estat, fins recentment, o bé l'únic o bé el dominant en la nostra comunitat. Així, a través d'aquesta feminització sorgia un nou existir esdevenint una criatura catalana que era de(s)colonitzada i comunitària.

És sobre el "catalanisme sobiranista", aquest "catalanisme feminitzat i comunitari", el qual fou (el dia 1 d'octubre) i és la víctima racialitzada del supremacisme colonial espanyol i és sobre aquest botxí, el supremacisme colonial espanyol que en tots aquests temps no ha deixat d'actuar com instrument del poder imperial-colonial del Regne d'Espanya, que reflexionaré seguidament.

L'1 d'octubre del 2017, els catalans que volien votar varen ser tractats d'igual manera que ho són habitualment: els manters, els migrants o les portadores de Ceuta i Melilla. De cop i volta veiérem que nosaltres, que ens creiem que érem subjecte de drets en el Regne d'Espanya, també podíem patir la brutalitat de la violència i ser víctimes del racisme espanyolista. D'aquesta manera veiérem com havíem passat a ser: uns no ciutadans, uns "sense papers", uns no reconeguts com a humans. El poder del Regne d'Espanya evidenciava, un cop més, tota la seva cruesa envers uns humans que, ingènuament, s'havien imaginat ciutadans europeus amb drets cívics col·lectius.

És aquesta experiència la que em va confirmar de manera clara que jo, si com a català vull ser subjecte sobirà, aleshores soc pel poder estatal (Regne d'Espanya) un subjecte colonial (indígena), d'igual forma com per ell ho són el manter o el migrant o la portadora. Sols renunciant a allò que jo considero que soc, sotmetent-me a allò que el colonitzador vol que sigui (esdevenint súbdit), aleshores em considera subjecte de drets i deures.

D'igual manera, des de que la comunitat catalana es va anar apoderant de la seva sobirania política, l'oligarquia de la Cort i tots els poders al seu servei van anar fent créixer el racisme catalanòfob. Una varietat més d'aquell racisme que reposa en els orígens imperial-colonials del Regne d'Espanya i que, perdudes les seves colònies més perifèriques (les darreres el Sàhara i Guinea), ha anat aplicant i estenent cap a les seves "colònies internes".

En tenim prou per comprovar aquest procés de radicalització catalanòfob i d'odi cap el diferent amb resseguir els medis de comunicació estatals que depenen del poder de l'oligarquia de la Cort. Per cert, fet aquest de discriminació racial al qual mai se li aplicarà la "llei constitucional contra l'odi", sinó tot el contrari, encara hi ha el perill que la víctima, qui ho expliqui o denuncií sigui ella l'acusada d'aquest delicte. D'igual forma com ja no ens pot estranyar, que aquells que estaven als col·legis electorals esperant votar hagin estat acusats d'ésser la causa de la violència institucional practicada per les forces de seguretat del Regne d'Espanya, malgrat que qui s'havia posat "enfront" d'ells foren aquestes forces "de policia colonial" que són la Policia Nacional i la Guardia Civil.

I és que el nostre botxí, tot i que podríem pensar que és recent, no és pas d'ara sinó que ja té arrels molt antigues, es fonamenta en el jo conqueridor de l'Imperi Espanyol. Aquell jo conqueridor de qui, a Valladolid el 1550, en Juan Ginés de Sepúlveda a *De justis belli causi apud indios* ja en va justificar el dret de guerra contínua contra l'indi,

"...,y esta tiene por fin el cumplimiento de la ley natural para gran bien de los vencidos, para que aprendan de los cristianos la humanidad, para que se acostumbren a la virtud, para que con sana doctrina y piadosas enseñanzas preparen los ánimos a recibir gustosamente la religión cristiana; como esto no puede hacerse sino después de sometidos a nuestro imperio, los bárbaros deben obedecer a los españoles, y cuando no obedecen pueden ser compelidos a la justicia y a la probidad" (Ginés de Sepúlveda, 2012: 93–94),

doncs aquest era inferior (no era humà com el conqueridor),

"... si es que conoces las costumbres y la naturaleza de una y otra gente, que con perfecto derecho los españoles imperan sobre estos bárbaros del nuevo Mundo e islas adyacentes, los cuales en prudencia ingenio, virtud y humanidad son tan inferiores a los españoles como los niños a los adultos y las mujeres a los varones, habiendo entre ellos tantas diferencias como va de gentes fieras y crueles a gentes dementísimas, de los prodigiosamente intemperantes a los continentes y templados, y estoy por decir de menos a hombres" (Ginés de Sepúlveda, 2012: 101)

d'aquest mode a causa d'això

"...es que siendo por naturaleza siervos los hombres bárbaros, incultos e inhumanos, le siguen a admitir la dominación de los que son más prudentes, poderosos y perfectos que ellos: dominación que les traería grandísimas utilidades, siendo además cosa justa, por derecho natural, que la materia obedezca a la forma, (...), lo imperfecto a lo perfecto, lo peor a lo mejor, para bien universal de todas las cosas" (Ginés de Sepúlveda, 2012: 153).

Aquest estatut de no humà, originat aleshores, s'ampliarà cap el negre (es justificarà l'esclavatge per la seva inferioritat) i s'anirà desenvolupant fins a establir els falsos fonaments científics que donaran les bases del racisme, des del segle XIX fins avui, i que amarà en l'Estat espanyol tots el moviments socials i polítics que acabaran materialitzats en el franquisme i l'actual continuació seva: l'ultra dreta i una bona part de la dreta i de l'espanyolisme esquerranós, així com les estructures de poder presents a l'Estat espanyol. Comparteixo el parer dels que diuen que l'espanyolisme, que sosté el poder del Regne d'Espanya, no és en cap cas un fenomen depenent del nacionalisme (romàntic) i és que, com imperialisme, estimo que l'espanyolisme és un fet prenacional. L'espanyolisme que hem vist, el del "A por ellos", és imperial-colonial i es sosté, masclista i patriarcal com és, en la negació d'humanitat de l'altre ("gallina", "no tiene cojones",...). Aquesta negació d'humanitat cap els catalans, ja que sols hi ha humanitat masculina, és la que legitima tota violència cap a ells (per "polacos", per "catalufos",...), d'aquí ve que les imatges del "A por ellos" són semblants a aquells comiats de tropes colonials que, al segle XIX i XX, es feien a les metròpolis colonials. I és que no som nosaltres, per l'espanyolisme imperial-colonial, com a "catalufos", considerats un adversari democràtic, sinó que tal com: els amerindis de la conquesta d'Amèrica, els esclaus negres (amb qui s'enriquiren tants espanyols i entre ells també aquella burgesia catalana i imperialista que formava i forma part de l'oligarquia de la Cort), els jueus en els pogroms, els bosnians o els migrants del Mediterrani, no som sinó uns éssers que com humans som invisibles. No esdevenim res més que uns "damnés", uns éssers rebutjats.

El *"jo conqueridor"* de l'espanyolisme imperial-colonial no es limita però a l'acció del guerrer (la violència militar), com feia en el passat ("*Por el bien de España hay que bombardear Barcelona cada cincuenta años*"), sinó que a aquesta afegeix l'activitat d'uns alts tribunals de justícia (els nous colpistes) al servei d'un absolut poder imperial-colonial predemocràtic. Aquests han passat actualment a ser en aquest Regne d'Espanya, que és membre de la Unió Europea, un instrument clau en la repressió i com a tals instruments, aquests tribunals, fan ús de qualsevol enginy judicial que els possibiliti l'exercici de la raó imperial, tot aplicant el dret de l'enemic. Així tenim que el botxí, imperial-colonial, ha de convertir al "catalufo" a la seva "religió" com es feu amb l'indi, el negre, el jueu o el moro i sinó "A por ellos". Ja que sols hi ha una raça en el Regne d'Espanya, la que, encara avui, es glorifica, sense cap tipus de vergonya, any rere any el 12 d'octubre, aquella que és la pàtria única i que, fins i tot, és superior a qualsevol dels drets humans.

2. La Catalunya "colònia interna": un territori per l'apropiació i la violència del Regne d'Espanya.

Recentment el Consell d'Europa ha iniciat una investigació sobre la persecució de la dissidència política al Regne d'Espanya i altres institucions i organismes internacionals han començat a mostrar preocupació pel respecta als drets civils i a les llibertats democràtiques per part de l'Estat Espanyol. Potser en algun moment a algú amb un excés de confiança i bona voluntat cap a les institucions de l'Estat espanyol el poden sorprendre aquestes preocupacions, a mi més aviat allò que més m'ha sorprès és que fins avui encara no s'hagués plantejat i que, a més a més, s'hagués considerat tot aquest temps que el Regne d'Espanya era una democràcia liberal, comparable a les que hi ha en una part dels estats de la Unió Europea. Considero que és evident que el pas de la dictadura franquista cap el règim del 78, sols va ser procedir a la substitució d'un règim autoritari per un altre règim autoritari. Ara bé, en aquest cas el nou règim va ocultar aquest autoritarisme sota una lleugera capa de democràcia liberal. Com analogia tenim que la simbologia del règim continua quasi sense cap alteració: la bandera és igual que la del cop d'estat del 36 i sols hi ha un lleu canvi el qual sols és observable si es tracta de la bandera "completa", l'himne continua sent el mateix i a això podem afegir que la màxima representació de l'Estat, la institució monàrquica, és una institució que beu la seva legitimació de la dictadura i que en el règim del 78 contínua com representació sobirana del Regne d'Espanya.

Quina era doncs aquesta lleu capa de democràcia liberal que ocultava la veritable realitat del règim del 78? Aquesta capa considero que va consistir principalment en dos aspectes:

En l'àmbit polític es va acceptar, amb una Constitució plena de paraules buides, que el govern del Regne es basés en la votació de la ciutadania (sobirania popular). Ara bé, això sí, limitant l'elecció cap els membres de partits polítics que no qüestionessin en cap moment res del passat franquista d'aquest Regne, així també establint unes demarcacions electorals que privilegiessin els vots de les zones del territori més nacionalment espanyolistes i socialment conservadores. S'exigí, també a les víctimes de la dictadura, un oblit radical de tot els actes criminals del franquisme, així com que acceptessin de bon grat la continuïtat dels franquistes i de tota la seva xarxa d'interessos i relacions en àmplies àrees del poder: econòmic, militar, judicial, policial, etc. Sense exigir-los en cap moment cap responsabilitat cap el passat i , com se sap, fins hi tot mantenint-se tots ells en llocs fonamentals de l'estructura institucional de l'Estat.

En l'àmbit socio-laboral hi va haver: una acceptació de l'activitat sindical de sols aquells sindicats que no qüestionessin en cap moment les formes i maneres de distribució de la riquesa d'aquell moment i que limitessin la seva activitat a controlar i canalitzar qualsevol malestar social i laboral, això es va fer conjuntament amb un ús desvergonyint de les clavegueres de l'Estat per tal d'evitar la presència d'altres sindicats (cas Scala,...).

Així, el règim del 78 va permetre i encara permet a tots aquells que configuren el conjunt *tribal,* que és l'oligarquia de la Cort del Regne d'Espanya, el continuar vivint del *botí* que els proporciona el poder de l'Estat. I això, tot mantenint sempre viu, sota aquesta lleu capa de simulada democràcia liberal, l'autoritarisme que és fonament i base del Regne d'Espanya. D'aquesta manera podem veure l'acció continuada de repressió, pròpia d'un estat il·liberal, practicada en el País Basc, sota l'excusa del terrorisme, en àmbits sobiranistes que no eren ni són terroristes, o la feta a Catalunya tant en l'entorn de les Olimpíades del 92 en contra dels sectors sobiranistes o la present i continuada contra la dissidència política pacífica.

A més a més, aquesta lleu capa de falsa democràcia liberal va possibilitar que l'estat formes part de la Unió

Europea, fet que ha permès i facilitat a l'oligarquia de la Cort del Regne d'Espanya el poder ampliar el seu *botí*, ja que l'ha fet créixer amb la possibilitat d'extreure també diners de les aportacions econòmiques europees.

Tot això s'ha fet sempre sota el *dogma* fonamental del Regne d'Espanya que és allò que el nacionalisme espanyol anomena la unitat de la pàtria. Aquesta unitat és entesa com apareix en el testament del dictador: *"Mantened la unidad de las tierras de España, exaltando la rica multiplicidad de sus regiones como fuente de la fortaleza de la unidad de la Patria."*

Què és aleshores, veritablement, aquesta pàtria espanyola? La pàtria està formada per les persones i el territori d'on l'oligarquia de la Cort n'extreu el *botí*, aquesta és la seva única realitat. Realitat des de la qual es construeix l'imaginari polític que és Espanya, un imaginari destinat a atorgar legitimitat a la continuada acció d'espoli que realitza aquesta oligarquia.

Quin és aquest territori? Com tothom sap l'actual Regne d'Espanya, després de perdre les seves darreres "colònies externes" Sàhara i Guinea Equatorial, ha quedat constituït per una part del territori peninsular, les illes Balears, les illes Canàries i les ciutats magrebines de Ceuta i Melilla.

En l'imaginari de la ciutadania del Regne s'imposa la idea que aquest territori té una coherència fonamental de caràcter geogràfic i com a tal no és històrica sinó eterna. Ara bé, posseeix aquest territori algun fonament geogràfic (proximitat territorial,...)? És evident, que si tingues el seu fonament en la proximitat territorial Portugal en seria part i no en és pas part. En canvi, en formen part les illes Canàries que estan situades a l'Àfrica enfront de la costa del Sàhara. I que convé recordar-ho en formen tanta part com, en el seu moment, en varen formar part: la illa de Cuba, altres territoris de les Antilles fins el segle XIX o els més allunyats de Filipines i com també, en anterioritat, en formaren part els territoris espanyols d'Amèrica. I és que, aquest suposat fonament geogràfic i com a tal "ideològicament neutre", es basa en el parany mental que són tant els mapes escolars com els mapes meteorològics del mitjans de comunicació. Aquests fan que l'habitual, per estrambòtic que pugui ser, a través d'aquesta reiterada representació simbòlica ens sembli el més raonable.

Quin és, però, l'únic fonament d'aquest territori? Molt sovint s'intenta fer creure que aquest territori té algun base eterna o una certa perennitat en el futur. És evident la falsedat d'això. Per una banda sabem que el Regne d'Espanya és un espai que des de la seva expansió colonial al segle XVI, no ha deixat de perdre territoris i que ha variat moltes vegades la seva extensió. I és que, veritablement, l'únic fonament que té la consideració d'aquest espai com a espai comú és ser el lloc del *botí* de la "Cort", és a dir aquell territori i gents d'on les estructures de poder del Regne d'Espanya (l'oligarquia de la Cort) n'extreu rendes ja des de l'inici del seu projecte expansionista imperial.

D'aquesta manera no ha pas d'estranyar-nos ni sorprendre'ns que quan persones d'aquests territoris expressin, ni que sigui d'acord amb les formes i maneres pròpies d'una democràcia liberal, que no volen continuar sent objecte de *botí* per part d'aquesta oligarquia de la Cort. Aquest Estat, a través de tots els organismes i institucions del Regne, actuí sense cap tipus de límit (dels que habitualment limiten i regulen l'acció estatal legal i legitima en totes les democràcies liberals) per tal continuar amb l'apropiació dels bens comuns de la ciutadania i si cal, per aconseguir-ho, es fa ús de tot tipus de força, incloses aquelles forces que no formen part de les pràctiques èticament acceptables en una democràcia liberal. És a dir, el Regne d'Espanya, que com hem vist té uns fonaments i bases de caràcter autoritari i actua en defensa d'aquest *botí* mitjançant les seves institucions judicials, els organismes responsables de la "violència legitima" o les " clavegueres de l'estat" amb la finalitat d'aplicar el *dogma.* Aquest exercici de poder el fa sempre amb tota desmesura sobre la ciutadania i en molts moments amb una violència democràticament il·legítima.

I és que cal no oblidar-ho mai el Regne d'Espanya, que té les seves bases mentals en el mateix projecte colonial americà, es sostenia i es sosté en: *la tribu, el botí i el dogma.*

3. El Regne d'Espanya en peu de guerra versus Catalunya en peu de pau.

Com ja he mostrat Catalunya no és en el present altra cosa que una "colònia interna" del Regne d'Espanya, i té totes les singularitats i diferències que hi ha entre una comunitat que és una "colònia interna" d'un estat que forma part ara de la Unió Europea i aquelles comunitats que són o "colònies externes" o "colònies internes" d'estats que no formen part de la Unió Europea.

Així si rellegim i repensem el llibre, fonamental i clàssic, de la lluita anticolonial: *"Les damnés de la terre"* que Frantz Fanon va publicar l'any 1961, podem entendre, al meu parer, en bona part i molt clarament quina és l'actual situació, política i social, en la que vivim els catalans i que ens fa palès, sens dubte, l'ésser una comunitat sotmesa al "colonialisme intern" dins el marc europeu.

Si com deia Fanon (1968:7): *"A les colònies, l'interlocutor vàlid i institucional del colonitzat, el portaveu del colon i del règim d'opressió, són el policia i el soldat"* (traducció pròpia). És evident que això és així tant en les colònies externes com internes, i nosaltres, els catalans, en tenim una àmplia i trista experiència històrica com súbdits del Regne d'Espanya. Quina és la llengua de les comissaries de la Policia Nacional o de les casernes de la Guardia Civil? Quina és la llengua de la Capitanía de la Región Militar Pirenaica que administra el territori del principat? Què ocorre amb els tribunals de justícia quan únicament un 8% de les sentències són en català? Quina és la llengua del portaveu del colon?

Ara bé, que succeeix quan l'Estat i la seva "colònia interna" formen part de la Unió Europea? Amb el ser membre de la Unió Europea el Regne d'Espanya ha fet un doble procés, per una banda ha substituït (ni que sigui formalment) el soldat pel jutge. Un jutge però, tant independent de les veritables estructures de poder de l'Estat (l'oligarquia de la Cort) com ho era el soldat, gens ni mica. Afegint a això un continuat procés d'implementació d'una legislació reductora de les llibertats civils, conjuntament amb un increment exagerat de les sancions i penes, tot fent de l'acte de justícia dels tribunals un simple acte de venjança del poder. Per una altra banda, a això ha afegit el transformar el policia en un nou tipus de "soldat", amb una progressiva militarització del policia. De manera tal, que s'ha reduït de forma significativa la diferència entre l'ús de la força practicat per l'exèrcit, tal com es fa de forma habitual en les colònies externes o internes fora de la Unió Europea, i el realitzat per les policies paramilitars del Regne d'Espanya, com són la Guardia Civil i la Policia Nacional, o bé l'executat en algunes actuacions de la BRIMO dels Mossos d'Esquadra. Aquesta diferència veiem, desgraciadament, como dia rere dia, es van reduint, així la violència policial és, cada cop, més propera i semblant a la violència d'arrel militar.

Com deia Fanon (1968:18) *"La primera cosa que aprèn l'indígena, és a restar en el seu lloc, a no depassar els límits"* (traducció pròpia). Aquest ha estat el nostre problema com a catalans, una part hem des-aprés quins eren els nostres límits i és que ens ha passat el que Fanon (1971:183) deia dels indoxinesos: *"no és perquè ... han descobert una cultura pròpia que s'han revoltat. És perquè simplement els va esdevenir,..., impossible respirar"* (traducció pròpia) i hem volgut ser pacíficament i democràticament sobirans, com ho feren, ja en el passat per via violenta, altres comunitats enfront d'aquest poder colonial que és el Regne d'Espanya. Aquest Regne constituït en una estructura estatal incapaç de compartir sobiranies i que sols entén les seves comunitats com a súbdits i les "comunitats d'indígenes" com un mal a suportar.

Tot seguint amb Fanon (1968:6) ens cal tenir clar que *"És el colon qui a fet i qui continua fent el colonitzat. El colon extreu la seva veritat, és a dir els seus bens, del sistema colonial"* (traducció pròpia). Aquesta és la raó única que sosté l'existència dels actuals partits colonials a Catalunya, tant dels dits partits constitucionalistes com dels "independentistes pragmàtics". Els partits, defensors de l'integrisme constitucionalista, que varen donar suport, més o menys explícitament, al cop d'estat contra la sobirania nacional de Catalunya (l'article 155) i els partits que amb la defensa d'un independentisme sense data ajornen eternament la descolonització. Aquests partits i l'estructura de poder que representen i defensen, l'oligarquia de la Cort, necessiten que els catalans no deixem d'ésser una "colònia interna" els calen els nostres bens, aquesta és la principal acció que els regeix i, en realitat, la seva única veritat. Per això, no ha pas d'estranyar-nos res del que veiem, totes les estructures de l'Estat tenen com a funció primordial mantenir aquest *botí*. Cap sorpresa que ja que no sentin cap vergonya les escorrialles del Partit Socialista, que encara és cínicament capaç de dir-se socialista, federalista i republicà i anar a manifestacions colonials amb franquistes i feixistes diversos, o bé amb partits i organitzacions clarament catalanòfobes: com Ciudadanos, el Partit Popular, Societat Civil Catalana o tot un altre conjunt d'associacions defensores del sotmetiment colonial de Catalunya. Organitzacions aquestes que tenen com a finalitat que els colonitzadors executin sense cap mirament un procés de criminalització cap als colonitzats. A més a més, com diu Fanon (1968:144), són aquest darrers, els colons, els que no en tenen prou: *" amb empresonar [el colonitzat] en una xarxa, buidar-li el cervell de tota forma i contingut. Per una perversió lògica, s'adrecen cap el passat del poble oprimit per tal de distorsionar-lo, desfigurar-lo, anorrear-lo."* (traducció pròpia)

Ara bé en aquest viure nosaltres, en peu de pau que no vol dir sotmesos, enfront d'un estat colonial que ens viu, que quedi clar, com enemics i que està davant nostre en peu de guerra i que tot el seu govern, tant el seu president com els seus ministres, no són sinó un immens "Ministerio de la Guerra", al servei de l'oligarquia de la Cort, tots ells hereus directes d'aquelles tropes colonials que sols serviren o per matar miserables marroquins o assassinar pobres miners asturians o exterminar indefensos camperols extremenys i andalusos.

No oblidem que per aquest adversari nosaltres no som un adversari sinó un enemic a abatre. D'aquesta manera ens cal tenir present, un cop més a Fanon (1968:90): *"El colonitzat s'ha de persuadir que el colonitzador no li dona res. Allò que el colonitzat obté per la lluita política o armada no és pas el resultat de la bona voluntat o del bon cor de colon sinó que expressa la seva impossibilitat de diferir les concessions"* (traducció pròpia). Per això, si volem ser, d'una vegada per totes, la República Catalana, som els únics que podem recuperar el nostre i res hem d'esperar ni del Regne d'Espanya ni de cap dels seus colons. Cal arrancar-los la nostre sobirania robada, cal que la possessió del nostre bé robat els dolgui i el dany per tenir-nos sotmesos els sigui tan gran que renunciïn a tot el que ens furten i ens han furtat. Ara bé tot això, sense oblidar que fins a la sobirania així serem tractats pel colons (Fanon. 1968:10): *"l'indígena és declarat impermeable a l'ètica, absent de valors, i a més a més negador dels valors. Ell és, gosem dir-ho, l'enemic dels valors. En aquest sentit és el mal absolut."* (traducció pròpia).

Capítol 2. Ésser una comunitat supèrflua.

Dins de tot projecte d'expansió nacional de caràcter imperial, quan es cerca la construcció d'un Estat en el que sols hi sigui present un sol món simbòlic comú, com és el cas del Regne d'Espanya, tota aquella comunitat que es resisteix a dissoldre's en el món simbòlic de la comunitat nacional imperialista passa per a aquesta a ésser una comunitat supèrflua. És a dir, és una comunitat que la seva continuïtat històrica (la seva reproducció) és considerada innecessària. Conseqüència d'això és que aquestes comunitats són tractades com una malaltia que cal extirpar de la comunitat dominant, comunitat aquesta que és la única reconeguda en la seva totalitat de drets per l'Estat. En el Regne d'Espanya és mostra d'aquest fet el rebuig de la comunitat majoritària espanyola (castellana–espanyola) cap a altres comunitats (món simbòlics comunitaris) que porta o cap a la fòbia envers aquestes comunitats o cap aquella cínica *"conllevancia"* que va formular el 1931 José Ortega y Gasset.

De nou aquí aprofito elements d'anàlisi aliens al món europeu per tal de millor entendre quins són els veritables fonaments amb els quals es construeix i es fonamenta l'actual Regne d'Espanya i de la mateixa manera que si seguim les genealogies de les estructures de poder en aquest territori les seves arrels ens porten a la conquesta i a l'ocupació militar del territoris de l'Àndalus. Aquí consideraré la dependència que el món simbòlic de la comunitat majoritària del Regne d'Espanya té cap a les estructures i els valors socials que configuren una societat de conquesta i imperi i com, també, aquest fet comporta el situar les comunitats que són actualment "colònies internes" cap a l'espai "abismal" –Cairo, H., Grosfoguel, R. (ed.) (2010) i Sousa Santos (2010)–. L'espai "abismal" és aquell on la funció de l'Estat és l'apropiació de bens i drets i en el qual pot violentar-se allò que aquest consideri precís per tal de mantenir la continuïtat de l'espoli i el saqueig.

Dos elements permeten mostrar que tant la violència com l'apropiació, que el Regne d'Espanya executa en una seva "colònia interna", són una violència i apropiació que es realitza dins el marc d'ésser un Estat membre de la Unió Europea i que l'oculta sota una capa una suposada legalitat, legitimitat i correcció. Aquest dos elements són:

Per una banda, l'existència d'una democràcia de mínims homologada per la Unió Europea. Malgrat que aquesta democràcia mostra, freqüentment, una tolerància absoluta, quan no una col·laboració directa, de les actuals estructures del poder executiu de l'Estat, amb les ideologies polítiques antidemocràtiques de la dictadura franquista i, al mateix temps, el seu poder judicial és en bona part, sobretot en els alts tribunals, continuador en la seves actuacions dels principis autoritaris que regien en la judicatura durant la dictadura.

Per una altra banda, tenim, d'un temps ençà, dos fets destacables: el primer és un progressiu procés de desvergonyiment ideològic de la ideologia imperial i colonial espanyola, de manera tal que el supremacisme espanyol no es presenta com a tal supremacisme sinó que es mostra, en aquest revisionisme històric, com si sols fos un continuat acte de generositat dels espanyols cap a la resta d'habitants del món, una bona part dels quals deuen el ser civilitzats a l'acció magnànima del Regne d'Espanya. Així tenim democràticament blanquejada la tornada al mite franquista de l'espanyol com el monjo-soldat, aquest sempre al servei de la veritat única (Espanya). El segon fet, és com cada vegada més les ideologies i els ideòlegs, relacionats o dependents de les estructures de poder del Regne d'Espanya, van defensant, enfront d'una democràcia fonamentada en la sobirania popular, un model de democràcia segons ells superior i que no és altre, per aquest autoritarisme estatal espanyol, que una democràcia d'auditoria (*output legitimacy*) (Goikoetxea. 2018:49), un model de democràcia que en res és fonamentalment diferent que la democràcia d'auditoria que ja era present en la mateixa dictadura (Franquisme,...) i que en els elements fonamentals va continuar en el règim del 78 i es concreta avui en dia en l'integrisme constitucional espanyol i en el seu colonialisme.

Secció a. L'espanyolisme present.
(Imperialisme i democràcia oligàrquica).

1. La tribu, el botí i el dogma els fonaments del Regne d'Espanya.

L'any 1982 el pensador marroquí Mohammed Abed al-Jabri va començar a publicar el primer volum, dels quatre, d'un tractat que porta per títol: *Crítica de la raó àrab (Naqad al-Aqal al-Arabi)*. En aquest escrit reflexionava sobre la raó política àrab, és a dir, sobre on es fonamenta i quines són les bases que han legitimat i que, en bona part, encara legitimen l'acció política en els països àrabs. Tres són els elements que, segons Abed al-Jabri (2007:31), fonamenten aquesta acció: *la tribu, el botí i el dogma*. El tractat de al-Jabri no solament permet una millor comprensió del món àrab, sinó que, si penso on rau el fonament de la raó política del Regne d'Espanya, veig, sense gaire sorpresa, que també aquest es sosté en aquests tres elements: *la tribu, el botí i el dogma*.

Què i qui és la *tribu*? La *tribu* està constituïda, en el nostre cas, per aquells grups familiars, de caràcter ampli, i la seva "clientela", els quals en el seu conjunt constitueix l'oligarquia de la Cort i que configuren l'estructures del poder (econòmic, judicial, polític, etc.) de l'Estat espanyol. Aquests són amplis entorns familiars, enllaçats entre ells, que exerceixen el control real de l'Estat i que tenen les seves arrels molt sovint en l'antiga Espanya colonial. És cert que aquests grups, s'han ampliat amb nous benvinguts, però la seva singularitat és que sempre són aquelles "famílies" que es beneficien i viuen del *botí*.

Què és el *botí*? Com tots sabem en un començament el *botí* eren els bens (persones o coses) que es repartien els combatents que havien vençut en la guerra. Com ja coneixem els Regnes peninsulars, com altres del seu temps, amplien el seus dominis a través de l'ocupació de territoris on els vençuts són esclavitzats o fets servents i els seus bens són presos i repartits entre els combatents vencedors. D'aquesta manera, tots ells fonamenten sovint la seva economia en el *botí*. En la construcció de l'estat que serà l'actual Regne d'Espanya, destaca, tant per raons econòmiques com de domini polític i ideològic, qui serà el regne dominant a la península (Castella). Castella aconseguirà fer una identificació entre ella i la totalitat i esdevenir Espanya. Castella es sosté econòmicament en l'immens *botí* colonial que va suposar l'explotació de les persones, amerindis i negres, i l'apropiació dels bens dels nous territoris com si no fossin de ningú. Aquest fet, des d'aleshores, amara la cultura de les estructures de poder dominants a la península, que entenen l'Estat i la seva acció com una organització al servei dels seus interessos. De manera tal que, encara avui, l'impost per part de l'oligarquia de la Cort no és entès ni com la base d'un reequilibri social, ni tampoc com una inversió per tal de generar riquesa col·lectiva, fet aquest que ni tan sols ho accepta en un sentit democràtic liberal, sinó que considera l'impost com un *botí* a repartir-se entre ells a través de l'acció extractiva de l'Estat. (Rescat bancari, protecció elèctriques, obra pública sense retorn social, rescat autopistes, corrupció generalitzada en l'acció estatal i en les seves institucions, opacitat dels pressupostos militars...)

Què i quin és el *dogma*? El *dogma* en el present es sosté encara en acceptar com a veritat allò que diu el poder. És la renuncia a tot saber que pugui alterar l'estatus de l'oligarquia de la Cort i del seu bé: *el botí*. Un estat que basat en la violència colonial no precisava de subjectes pensants amb criteri propi, no va necessitar mai una ciutadania lliure sinó únicament un exèrcit que dominés a una nua i dèbil població indefensa, de la qual poder extreure el *botí*. Així sols calia un *dogma* de quarter, l'autoritat. Aquest *dogma* s'instaurà ja a l'inici de la colonització d'Amèrica, a través de l'acció i el poder de l'església. Aquesta garantirà el seu ajut i la seva protecció cap a la "guerra justa" feta pels espanyols, doncs calia el sotmetiment necessari dels amerindis, i posteriorment del negres, fetes pel bé de salvar de l'animalitat les seves ànimes. El *dogma* consolida la ideologia dominant del Regne d'Espanya, amb un fet com la sospita sobre el dissident intern fonamentada: en elements racistes com la puresa de sang o en el tot el no espanyol (castellà) o el no obedient a l'autoritat esdevé un objecte de sospita doncs és un enemic, així el dissident és un heretge que cal extirpar com un mal social. D'aquesta manera en el present aquesta acció colonial, un cop perdudes les darreres colònies externes (Sàhara i Guinea Equatorial), veiem com s'ha estès cap a les "colònies internes", com ho és el cas de Catalunya i altres territoris peninsulars.

Discrepo d'aquells que diuen que el nacionalisme espanyol, aquell que fonamenta el Regne d'Espanya com unitat nacional, és d'arrels liberals. El passat liberal del Regne d'Espanya no és res més, en el territori peninsular, que un conjunt de derrotes i fracassos, excepte en la negació de l'existència de minories nacionals. Sí que en canvi, crec fermament que Espanya és un estat prenacional liberal i romàntic, a diferència d'altres estats euro-occidentals, com poden ser el Regne de la Gran Bretanya, la República Francesa o la República Federal Alemanya. És més penso que el Regne d'Espanya no és ni tan sols una nació-estat que fonamenta la seva raó política en els elements característics d'una democràcia liberal. És més, considero que ni tan sols és un estat que sigui nacional en el sentit de nació que ho és Catalunya, una unitat nacional.

Altrament crec que l'ocultació feta, entre altres, pel catalanisme (tradicional i no sobiranista) de la veritable estructura i fonament del Regne d'Espanya, concretada en el fet de no acceptar que aquest regne és un Estat prenacional i que el seu és encara un món regit, tot i les seves transformacions, per aquests tres elements: *la tribu, el botí i el dogma*. Això, ens ha portat i porta a la renuncia a qualsevol procés de liberalització de les "colònies internes" del Regne d'Espanya. L'actual Regne d'Espanya és una creació, en tot allò que fa a la seva fonamentació ideològica, d'aquella acció colonial que inicià al segle XVI (prèviament impregnada per la noció de reconquesta i els valors propis d'aquesta idea). En conseqüència l'actual Regne d'Espanya no és altre cosa que el territori i les gents on i de qui la *tribu* (l'oligarquia de la Cort) en treu el *botí* i que el justifica per l'acceptació del *dogma* que és la unitat de la pàtria espanyola i que si en el passat es deia que era per tal de salvar ànimes ara es diu que ho és per la imaginaria bondat pseudo-ètica d'una solidaritat interterritorial.

Tal com aniré desenvolupant posteriorment, considero que el catalanisme pre-independentista ha sigut i és un fre per a la sobiranització de la nació catalana. És a dir, que el catalanisme (Almirall, Prat de la Riba, Cambó, Terradellas, Pujol, el PSUC, el PSC, els "comuns", el "junquerisme" i altres ideologies polítiques de la perifèria peninsular) ha aturat o alentit el procés de liberalització de Catalunya, així com de qualsevol altra "colònia interna" del Regne, amb la seva "fantasia" d'una possible reforma del Regne d'Espanya. Això, considero que és causat per una continuada i greu confusió, que consisteix en no establir la necessària diferència conceptual i factual que hi ha entre les persones que viuen en el territori i les estructures de poder d'aquest territori (el Regne d'Espanya). I en aquesta confusió en l'anàlisi política entre persones i estructures d'Estat han volgut fer d'aquest Estat, alguns encara insisteixen, un renascut estat-nació liberal i confederal, tot fent xantatges emocionals com si fos el mateix les persones que les estructures de poder del Regne. En front d'aquesta turpitud analítica, crec fermament que la única possibilitat de renovació del Regne d'Espanya passa per la seva desaparició i que els principis de *llibertat, igualtat i fraternitat* entre les gents del seu actual territori sols és possible a través de la construcció de lliures estats nacionals que no es fonamentin ja en: *la tribu, el botí i el dogma.* Doncs com diu Ngûgî Wa Thiong'o (2017:212): *"..., la recerca de la rellevància no reposa en una crida a l'aïllacionisme, sinó el reconeixement que l'alliberament nacional és la base de l'internacionalisme de totes les lluites democràtiques i socials per la igualtat, la justícia, la pau i el progrés"*.

2. Les *"colònies internes" l'espai de la violència i l'espoli del Regne d'Espanya.*

Com ja he indicat el Regne d'Espanya no és altre cosa que aquell territori (la pàtria) on l'oligarquia de la Cort (la *tribu*) obté el *botí* (apropiació del bé econòmic a través de l'acció de l'Estat) i que és el territori a on es garanteix la realització d'aquesta apropiació a través del *dogma* (la unitat de la pàtria i l'enginyeria jurídica i, si cal, la violència institucional sense cap límit legal en la defensa dels interessos de la *tribu*).

El que em resulta sorprenent és com les tres bases reals del Regne d'Espanya (*la tribu, el botí i el dogma*) i la seva acció sobre les seves "colònies internes" (*l'apropiació i la violència*), que avui em semblen tan evidents, han pogut ser uns fets que durant molt de temps m'hagin estat ocults. I és que, ara, contemplo sorprès com la darrera estructura política del Regne d'Espanya, el règim del 78, ha pogut ser aquest immens miratge que ens ha portat, a molts, a viure enganyats sobre quina era la veritable naturalesa política d'aquest Regne. Així, em sorprèn com, per una banda, hem pogut considerar que el règim del 78 era una democràcia liberal i, per una altra banda, com ens hem cregut que les diverses comunitats del territori vivíem en un estatus d'igualtat de drets, en tant que comunitats o, allò que és el mateix, que no hi havia comunitats que la nostra existència estava sotmesa al "colonialisme interior" d'aquest estat corromput.

Així, avui en dia, crec que és precisament aquest fonament en la triada "*tribu, botí i dogma*" que té el Regne d'Espanya allò que en impedeix, fins i tot, que sigui o pugui ser, per nosaltres, un Estat amb unes bases de caràcter liberal. És a dir, ni tan sols les seves bases poden adquirir la triada real de les actuals democràcies liberals euro occidentals: "*llibertat, igualtat i propietat*". I veig ara, molt clarament, que els repetits esforços que les ideologies polítiques perifèriques (catalanisme, basquisme, federalisme, republicanisme, etc.) han fet, una i altra vegada, per tal de fer políticament del Regne d'Espanya una democràcia liberal hagin estat i siguin un continu fracàs, tret que aquestes es limitin a acceptar que les diferents comunitats sols son una anècdota regionalista de la nació única espanyola. I és que, hi ha un freqüent oblit de quines són les veritables bases substancials de l'estructura política del Regne d'Espanya, aquestes (*la tribu, el botí i el dogma*) que s'arrelen en l'espai polític mental de la conquesta d'Amèrica i en tot el procés colonial. Això fa que transformar el Regne d'Espanya en una democràcia liberal sols sigui possible a través d'un procés de descolonització de les seves institucions procés que sent radicalment oposat a aquesta triada fonamental (*la tribu, el botí i el dogma*) porta, cal insistir en això, cap a la desaparició del propi Regne d'Espanya.

Ara bé, penso que en el present i sobretot després de l'1 d'octubre del 2017, hi ha un fet evident que cal destacar i aclarir. Aquest fet és que a Catalunya, en aquesta "colònia interna" del Regne d'Espanya, s'ha mostrat que si la seva comunitat reclama la seva sobirania queda situada en aquest lloc mental i factual que és l'espai *abismal*, Sousa Santos, B. de (2010). Quin és aquest espai *abismal*? Aquest espai és aquell que es troba situat més enllà de la frontera que limita el món on regeix una societat sotmesa a la dualitat regulació /emancipació i on hi ha un dret que s'articula en els conceptes de legalitat i il·legalitat. És a dir, el poder (domini) exercit pel Regne d'Espanya ha situat la seva "colònia interna" que és Catalunya en el món *abismal* on la metròpoli exerceix, amb una absoluta arbitrarietat i abús, l'apropiació i la violència. L'espai *abismal* és el territori de la alegalitat. I és que com diu Sousa Santos (Cairo, H., Grosfoguel, R. (ed.) (2010:103): *"la línea abismal invisible que separa el reino del derecho del reino del no-derecho fundamenta la dicotomía visible entre lo legal y lo ilegal que organiza, en este lado de la línea, el reino del derecho"*.

Què és l'apropiació? L'apropiació és fer que els bens i les gents deixin d'ésser d'ells mateixos per tal de passar a ser posseïts per la metròpoli (mentalment i factualment). Les persones són cooptades (els bons indígenes,...) i assimilades, d'aquesta manera tot el que és, fa i representa la metròpoli és superior i cal substituir tot el propi, que és inferior i endarrerit, per allò que té origen en la metròpoli.

Què és la violència? La violència passa per l'eliminació sota diverses formes i maneres de tot allò que en el territori *abismal* de la "colònia interna" impedeix el domini de la metròpoli. D'aquesta manera cal la desaparició cultural de les singularitats de la "colònia interna", el poder posseir lliurement dels seus bens materials (aquests són tots ells de la metròpoli i no de la colònia) i si això no és possible, cal procedir a l'eliminació de tot allò que ho impedeix (l'ús del dret de l'enemic i l'empresonament sota l'alegalitat) i si cal és procedeix a la destrucció física (com va fer amb tota la tirania possible el Regne d'Espanya en el període franquista).

D'aquesta manera tenim que l'apropiació i la violència del Regne d'Espanya causen d'acord amb Sousa Santos a Cairo, H., Grosfoguel, R. (ed.) (2010:106): *"la apropiación implica incorporación, coaptación y asimilación, mientras que la violencia implica destrucción física, material, cultural y humana"*.

Tal com he dit doncs, considero que Catalunya és situada, per part del Regne d'Espanya, en aquest territori *abismal* on hi ha l'àmbit de l'alegalitat. Si bé en el passat podríem observar alguns casos d'ubicació en l'alegalitat, no hi ha cap dubte que darrerament ha quedat àmpliament evidenciada aquesta situació (presos polítics, exiliats, aplicació del dret de l'enemic, judicis farsa, restricció fins i tot de les llibertats parlamentàries, greus limitacions del drets de manifestació i expressió en l'espai públic,...). D'aquesta manera són múltiples les actuacions i declaracions públiques d'autoritats del Regne d'Espanya que mostren la falta de separació de poders i l'alegalitat de la seva acció. En el territori *abismal* mai hi ha aquella separació que és fonamental en qualsevol territori d'una democràcia liberal. Vist on som sols puc concloure que aquest agònic estat que és el Regne d'Espanya i la seva oligarquia de la Cort anirà augmentant sobre les seves "colònies interiors" la seva apropiació i si alguna d'elles s'oposa quedarà sotmesa a la violència i quedarà forçadament situada dins l'àmbit *abismal* on regeix l'alegalitat.

3. El Regne d'Espanya com paradís de l'extrema dreta.

Aquesta fàcil presència de l'alegalitat quan és necessària per tal de protegir el *boti* de l'oligarquia de la Cort es fa evident per la continuïtat sense cap tipus de reprovació d'organitzacions lligades a la dictadura franquista. Podem clarament observar que el Regne d'Espanya és el paradís de l'extrema dreta i, dia a dia, els esdeveniments no fan res més que ratificar-ho. No hi ha cap dubte, que des de després de la segona República, tant durant la dictadura franquista com posteriorment, l'extrema dreta no sols ha tingut, i té, una total i absoluta llibertat d'expressió, sinó que posseeix uns importantíssims suports polítics i econòmics que li proporcionen una total impunitat en les seves accions. D'aquesta manera observem com gaudeix d'una radical impunitat en l'exercici de la violència pública. A ningú estranya ni sorprèn la relació i sovint participació de persones amb ideologia i pràctiques d'extrema dreta en els partits espanyols de dretes, aquesta és més que evident. Però no es limitada a aquest àmbit si no que hi ha proves, fins i tot, de la connivència, en un grau cada vegada major, de partits homologats internacionalment com a socialdemòcrates (PSOE) amb membres o organitzacions d'extrema dreta: els GAL, SCC, etc. D'aquesta manera no ens ha pas d'estranyar que en l'actual Regne d'Espanya continuïn presents, en tots els àmbits del poder (l'oligarquia de la Cort), molts elements del passat autoritari d'aquest Regne, especialment d'aquells que eren singulars del període de la dictadura franquista i que, fins i tot, podem arribar a afirmar que és consubstancial a les estructures de poder d'aquest Estat la presència de l'extrema dreta antidemocràtica.

Si llegim l'escassa informació que és lliure i no sotmesa a les estructures de poder del Regne d'Espanya, confirmem, cop rere cop, que no hi ha cap dubte que aquest Estat (el Regne d'Espanya), que ja era un Estat fonamentalment autoritari, encara que recobert d'una lleu capa de democràcia liberal (tot just aquella capa que precisava per poder sense ser un escàndol formar part d'aquesta Unió Europea en crisi), ha esdevingut un estat on el dret a l'exercici, sense risc, de drets fonamentals (manifestació, llibertat d'expressió,...) per part dels seus habitants és cada vegada més rar. Ara bé, aquest exercici de drets cívics, no és pas escàs per a tothom sinó, tan sols ho és, per aquells que són ideològicament oposats a l'entorn autoritari que sustenta aquest Estat. És a dir, que tots aquells que són oposats al nacional catolicisme, al franquisme, al falangisme o a tot el conjunt de les ideologies feixistes i supremacistes espanyolistes, veuen, dia a dia, com l'expressió o les accions en defensa de les seves idees polítiques els poden suposar sancions judicials molt greus i això encara que es faci dins d'aquells marcs que són els propis de l'exercici de les llibertats en qualsevol democràcia liberal. Aquesta reducció de drets es realitza o bé a través de la pressió social de les institucions de l'Estat de caràcter econòmic o social o bé directament a través d'una acció judicial abusiva, acció aquesta que es sustenta amb uns principis interpretatius de la llei que són més propis de règims autoritaris que no pas de democràcies liberals. Al contrari l'estructures de poder de l'Estat tenen connivència i sovint donen suport als partidaris de l'integrisme constitucional, el nacional catolicisme, el franquisme, el falangisme i el conjunt de les ideologies feixistes i supremacistes espanyolistes

He de dir, que en tant que persona que ha anat sabent que ha viscut i viu sota l'opressió d'un règim colonial i que, tant si vol com no, està forçada a ser membre d'una minoria nacional, a qui es menystenen els seus drets comunitaris, m'ocorre el què ja deia Pascal "el cor té les seves raons, que la raó no coneix". I, així, potser sense la raó de la raó però si amb tota la raó del cor, observo com tant a mi com a altres membres de la meva comunitat ens han arribat, amb el temps, a repugnar profundament tant els símbols com les institucions d'aquest Regne d'Espanya del 78. Tant és així, que em pregunto el perquè em i ens passa això? I la resposta no és altra que el triomf radical que observo que en aquest Regne tenen: en l'àmbit polític, les ideologies d'extrema dreta i, en l'àmbit econòmic, el salvatgisme d'una societat del "campi qui pugui", hereva de l'acció del botí colonial i de l'estraperlo de la post-guerra. Una societat on tota regulació econòmica és per ser defraudada per l'oligarquia de la Cort i on la defensa dels econòmicament dèbils és tan rara, que és sosté, massa sovint, no en la legalitat (drets i dignitat) sinó en la caritat (caprici i humiliació).

D'aquest mode a ningú ha de sorprendre el rebuig que tant jo com altres membres de la meva comunitat, sense poder evitar-ho, tenim cap els símbols del present Regne d'Espanya. Símbols que són més que presents, especialment en aquests moments, en aquest estat políticament agònic i socialment corromput que es troba l'actual règim del 78. Els símbols els que faig referència són, evidentment, els seus símbols fonamentals, la bandera i l'himne. La raó del cor del meu rebuig no és altre sinó que l'himne és el mateix de la dictadura i la bandera, si no porta l'escut, és també la mateixa que la del règim colpista franquista. Són així els símbols que el règim franquista va imposar que continuessin, enfront d'aquells altres que simbolitzaven el govern democràticament legítim de la segona República. Per tant, el que em passa, o ens passa, és que en ambdós símbols es fa evident la pervivència de la dictadura franquista i les imposicions del poder franquista sobre el règim del 78. Encara ara cada cop, o per l'oïda o per la vista, vulgui o no, se'ns recorda la vexació i la humiliació a la qual una dictadura sotmet a tothom i, en el nostre cas, aquesta encara amb més duresa en ser membres d'una rebutjada minoria nacional.

A aquests dos símbols, com no, cal afegir-hi tot un conjunt d'institucions estatals (la monarquia, el poder judicial, els organismes d'exercici de la "violència legal",...) que han mostrat, darrerament de nou, el seu aspecte més fosc en contra de la meva comunitat nacional. Sobretot amb la violència colonial exercida contra l'exercici del dret sobirà d'autodeterminació que té tot poble i els drets humans fonamentals que són reconeguts a tota comunitat minoritària.

És per tot això que considero, després dels dies que varen passar sota el 155, que en realitat tampoc havien canviat masses coses i és que segurament en veritat, ja des de la "transició", havíem estat vivent sota un 155, tot i que abans era un 155 dissimulat (com si fos l'home del sac que se'ns enduria si ens portàvem malament). Tant és així que, en aquests moments, tinc molt clar que aquest Regne d'Espanya, aquell que es va inventar l'Espanya autonòmica tal si fos un nou federalisme, no és res més curt i ras que una falsedat política més del règim del 78. I és que, sobretot després del cop d'estat del 23 de febrer de 1981 que sense cap dubte en l'àmbit d'evitar la possibilitat de la creació de sobiranies compartides va obtenir una victòria total, resulta impossible qualsevol forma de reconeixement igualitari de les minories nacionals del Regne d'Espanya. O per dir-ho d'una altre manera, que el possible federalisme autonòmic de la Constitució dona lloc, finalment, a un estat tan federal com la democràcia orgànica del franquisme donava lloc a un estat democràtic, és a dir tot plegat és una immensa mentida i farsa. I això fins a un grau que molt sovint em porta a considerar que és igual no tenir govern a la Generalitat ja que per administrar la misèria política autonòmica no cal cap govern que dissimuli que som a una "colònia interna" del Regne d'Espanya i que com a tal som uns subjectes sotmesos a les arbitrarietats institucionals espanyoles i a una Constitució farcida d'elements colonials.

4. La corrupció de la (in)justícia europea en el Regne d'Espanya.

Sempre he considerat per una banda, que com deien Glaucó i Adimant en el diàleg platònic (La República): *"la justícia és una convenció"*, i que a això, per una altra banda, cal afegir el dit en el mateix diàleg per Trasímac: *"la justícia és la voluntat del més fort, allò que convé al més fort"*. És evident que no parlo pas aquí del significat de justícia en sentit ètic, on el terme justícia per a mi vol dir: l'acte d'obrar per tal de fer real el bé, sinó que parlo de la justícia en sentit jurídic: fer una acció per tal que es compleixi allò que estigui legislat.

Aquesta justícia jurídica (la pròpia de l'acció del poder judicial, no la del saber ètic) en el marc ideològic dominant en la nostra societat (el liberal) se suposa que cal que compleixi com a mínim el criteri ja va exposar Montesquieu: la separació de poders. És a dir, que qui fa les lleis, no pot ser mai el mateix que qui les executa o les jutja. En front d'això, però, subscric allò que ja va dir L. Althusser, que en realitat aquesta separació, pel fet d'esser personal o institucional, no suposa pas que sigui una separació real, doncs en allò que és el fonamental (segons Althusser els interessos de classe) hi ha una total unitat i més enllà de limitar aquesta unitat al conflicte de classes cal afegir també altres conflictes de poder: patriarcalisme, colonialisme,.... Ara bé, en el marc de govern propi de la Unió Europea, liberal, que passi el dit per Althusser no invalida pas l'acció de la justícia, ja que el seu marc polític es limita a obligar a la separació de poders (legislatiu, executiu i judicial). És a dir, a la formal separació de poders ja expressada per Montesquieu. Aquest fet no ens ha pas d'estranyar si tenim present el domini radical que la ideologia neoliberal i neoconservadora té tant en la Unió Europea, com en la representació política que és majoritària en l'actual societat europea.

Tot deixant clar que des del meu parer ètic, considero que l'administració de justícia a Europa, és molt sovint èticament injusta i que sobretot, ho és, a causa d'allò que ja expressaren Trasímac i Althusser (amb l'afegit, en el cas d'Althusser, de considerar també altres conflictes i no sols els de classe). En el cas del Regne d'Espanya, no solament considero de manera general el poder judicial com un poder èticament injust, sinó que com administració considero que aquesta en molts aspectes actua com una administració de justícia corrompuda. Això ho aprecio així, fins i tot en el cas d'examinar-la d'acord amb els paràmetres de la ideologia liberal dominant a Europa.

El perquè i la causa d'aquesta corrupció de l'administració de justícia, considero és sosté en la manca de cultura política liberal a l'actual Regne d'Espanya i això, en conseqüència, genera una greu falta d'independència de la majoria dels àmbits del poder judicial en relació amb el poder executiu (Govern) i els partits polítics majoritaris.

Veiem, per tal d'entendre aquest fet, alguns dels moments del passat de la construcció del poder judicial espanyol. Si fem repàs de la constitució d'aquest pòsit del regne imperial de les espanyes, que és l'actual Estat Espanyol, veiem que aquest inicià el seu procés de modernització després de les Corts de Cadis i que es va oficialitzar com a Regne d'Espanya l'any 1868. Si examinem l'estatus polític del Regne d'Espanya observem que gairebé mai ha sigut un estat liberal, doncs crec que sols podem considerar la presència d'elements estructurals propis d'una governança amb les característiques d'ésser políticament liberals períodes com: el de les Corts de Cadis (1812–1814), el Trienni liberal (1820–1830), el període de temps que va de la Gloriosa 1868 a la fi de la primera República 1874, l'interval de la segona República (1931–1939) i alguns aspectes del temps actual del règim del 78 (1975). És a dir, es tracta d'escassos períodes de temps i en la majoria de casos sols hi observem tot un conjunt de continuats fracassos en el procés de modernització de l'Estat. A més a més, la majoria d'aquests períodes liberals varen ésser fortament centralistes i contraris al reconeixement de les minories nacionals.

Això no vol pas dir que en l'aspecte econòmic, malgrat que l'organització política de l'Estat fos fonamentalment autoritària o dictatorial, no s'haguessin anat construint en l'interval d'aquests darrers dos segles i en l'actual unes estructures econòmiques que sí són les pròpies d'un capitalisme de caràcter liberal. Aquest fet no ha pas d'estranya-nos, ja que avui en dia, sabem que l'estructura econòmica liberal (neoliberal) ni obliga ni determina necessàriament un tipus concret d'estructura política (els exemples en són múltiples: Xina, els estats neocolonials, etc.). Ni tan sols, en el present, podem afirmar (dins el marc neoliberal i neoconservador) que sigui precís que en les relacions de producció hi hagi altra llibertat que la llibertat del capital, és més hi ha una forta tendència cap a estructures autoritàries en les qual es redueix a mínims la capacitat de la sobirania popular d'exercir el control del poder executiu així com l'existència d'una certa independència del poder judicial.

Tornem però a la qüestió que ens ocupa, pel que fa a la judicatura cal tenir present que en el Regne d'Espanya les primeres places ocupades a través d'oposició no ho foren fins l'any 1869 i això es va fer sota els sistemes de control ideològic que eren la universitat i els tribunals d'oposició. Ambdós àmbits van condicionar la posterior postura ideològica de caràcter autoritari (antiliberal) d'una gran majoria dels jutges. La darrera depuració ideològica feta en l'àmbit del poder judicial va ser la franquista. En aquesta depuració es varen eliminar de l'administració de justícia tots els jutges o funcionaris que no fossin favorables i fidels a la dictadura. A aquest fet es va incloure, a partir de l'any 1941, l'obligació prèvia de tot jutge de formar-se en l'escola judicial, així es va afegir, a través d'aquesta formació, a tots els controls ideològics previs un control ideològic més sobre la interpretació legislativa. És aleshores, aquest poder judicial que havia eliminat tota concepció liberal dels drets i deures i que havia estat sotmès al poder polític de la dictadura el que continuarà sent l'administració de justícia del règim del 78. D'aquesta manera, l'actual règim del 78 es va iniciar amb un poder judicial majoritàriament lligat a la dictadura i a la tradició ideològica del passat autoritari i imperial del Regne d'Espanya.

Així ara cal tenir present el que ens recorda Romeva (2019:Pos 3156-67)

> *"El mateix Consell d'Europa situa Espanya a la cua en independència judicial. En un informe publicat el juny del 2017, aquest organisme situava Espanya com el país menys compromès en la lluita contra la politització judicial dels vint-i-un Estats avaluats. Espanya, segons diu l'informe, ha ignorat tres de cada quatre recomanacions del grup anticorrupció del Consell d'Europa (greco, per les sigles en anglès) per prevenir aquest tipus de*

pràctiques en l'àmbit judicial. Segons aquestes dades, Espanya no n'ha implementat plenament cap i només ha complert parcialment el 25% de les mesures que l'entitat ha sol·licitat que s'apliquin. El segueixen a la llista França, que ha complert parcialment el 34%, i Bèlgica i Eslovènia, amb el 43%. La institució ja havia assenyalat un any abans en un dur informe que Espanya havia de reforçar la independència del Consell General del Poder Judicial, l'avaluació d'alts funcionaris judicials i millorar la transparència entre el fiscal general i el Govern. També havia criticat el sistema d'elecció dels alts funcionaris de la judicatura, com els presidents dels tribunals provincials, dels tribunals superiors de justícia o del Tribunal Suprem. En aquest text recordava també a l'Estat espanyol que «les autoritats polítiques no han d'intervenir en cap de les etapes del procés de designació dels magistrats»."

Per tant si bé és cert que, en algun grau, els organismes judicials que tenim són formalment homologables a aquells que hi ha en els règims liberals de la Unió Europea, tot i algunes excepcions (La Audiencia Nacional). El que no és homologable, als criteris de la Unió Europea, són les reglamentacions que regulen com s'escullen els membres d'alguns organismes o les actuacions administratives de la justícia, que possibiliten i faciliten aquesta dependència "antiliberal" dels alts tribunals en relació amb el poder executiu i, a través d'aquest, un sotmetiment als interessos de la oligarquia de la Cort.

Ara bé, en el cas d'un territori com el Regne d'Espanya, hi és continuadament evident el tracte il·legítim cap a les seves minories nacionals i no solament pels cada cop més freqüents abusos en la persecució de la dissidència política, sinó en qüestions tant simples com l'escassíssim respecte cap als drets civils d'aquestes minories. Així una mostra clara, entre altres, de la relació "colonial" que el poder judicial té, com institució, vers Catalunya ho és el fet que sols un 8,3% de les sentències de l'any 2016 siguin en català. D'aquesta manera, entre altres, mostra el seu menysteniment i bandejament envers un dels elements constituents principals d'aquesta minoria nacional.

5. Els pilars de l'integrisme constitucionalista del Regne d'Espanya.

Dia rere dia el règim del 78 s'ha anat bunqueritzant, aquest immobilisme i involucionisme podem observar com es sosté en dos pilars: el primer és l'autoritarisme ja habitual en el Regne d'Espanya, que considera l'aprofundiment democràtic (la sobirania popular) un mal i el segon és la recuperació, a través d'un desvergonyit revisionisme històric, del passat imperialista, colonialista, racista i supremacista espanyol, com una manera exemplar d'ésser humà.

Cosidero que dos llibres que han tingut una àmplia difusió en la premsa del règim del 78 (aquella que depèn directament de l'oligarquia de la Cort) ens mostren de manera clara els elements ideològics fonamentals d'ambdós pilars. Els llibres són: *Contra la democracia* de J. Brennan i *Imperiofobia y Leyenda Negra* de M. E. Roca Barea.

Veiem tot primer l'escrit : *"Contra la democracia"* de Brennan. De l'anàlisi del llibre de Brennan em ve immediatament al cap el títol d'un escrit àrab medieval "La incoherència de la incoherència", és a dir: *Tahafut al Tahafut*. Aquest és el títol que porta aquell tractat que Averroís va escriure criticant les tesis de al–Ghazalí en contra de la filosofia. I és que, tal el mateix que Averroís critica a al–Ghazalí, Brennan fa, en el seu llibre, continus errors epistèmics fonamentals. Alguns però d'aquests errors són, malauradament, massa freqüents entre els estudiosos i experts en allò que d'un temps ençà se'n diu Ciències Polítiques i que jo crec que seria molt millor que en diguéssim (com es feu en el passat) i d'acord pròpiament amb allò que realment són: Ciències de la Governança.

Com dic ja fa massa temps, sense cap neutralitat ideològica sinó tot el contrari es fa un aiguabarreig entre dos elements que pertanyen a àmbits radicalment diferents: Política i Governança. I es substitueix la Política per la Governança, fent desaparèixer així la Política (ètica del comú) del camp del pensament i del saber. A més a més, alguns estudiosos com és el cas de Brennan, passen per alt que la seva "ciència", com altres ciències humanes, no és pas, dins el sistema epistèmic euro-occidental, com les ciències de la naturalesa (Física, Química, Biologia, etc.) sinó que essent com és una ciència humana, tal que la Història, la Sociologia, l'Economia, etc., és un saber que conté judicis de valor i prescripcions.

Repassem però que és la Política i què la Governança per tal d'evitar el primer error. La Política és tot aquell conjunt de pensaments que guien l'acció col·lectiva cap a una meta (utopia) que no és altra que l'assoliment d'una societat on es realitza el bé col·lectiu. Aquest és el sentit del terme en el pensament clàssic, Plató o Aristòtil, o en pensadors contemporanis, com ara: H. Arendt o E. Bloch. En front d'això la Governança és el conjunt de sabers sobre: el funcionament de les estructures socials presents (l'administració del comú) i l'exercici del poder sobre la col·lectivitat (la força legal). És a dir, és allò que per exemple trobem en el tractat de Maquiavel "*El príncep*", o en moltes parts d'aquest llibre de Brennan (Governança i no Política).

D'aquesta manera, crec que pot aclarir-nos sobre el que aquí escriu Brennan si en primer lloc tenim present que el seu és un escrit no tant contra les múltiples formes de govern que han existit fins avui i que han rebut el nom de democràcies, sinó que som davant d'un llibre contra el sufragi universal. De manera tal que potser el títol hauria de ser *"Contra el sufragi universal"*. És a dir, per raons de governança, considera que en el fons no hi ha legitimitat en considerar que en una comunitat el poder té la seva base i fonament en les criatures que la composen i que aquestes tenen aquest dret de la mateixa manera que en tenen altres, com el dret a la vida. I del mateix mode que hom té el dret a la vida per viure-la com vol (sense cap altra condició que la voluntat de la pròpia criatura), hom té el dret a traspassar el seu poder a la comunitat i que aquest dret es traspassa per acord i quan no hi ha acord l'única manera, pacifica, que existeix és el vot.

Aquest és el primer i fonamental error de Brennan, desconèixer que abans de la Governança (el que ell en diu Política), hi ha la Política (l'ètica comuna) que atorga a tot ésser humà pel sol fet de ser-ho tot un conjunt de drets, entre ells que el poder de la comunitat resideix en els seus membres.

És evident que Brennan té tot el dret a no reconèixer aquest dret, com pot ser partidari de la pena de mort (contraria al principi del dret a la vida), o bé rebutjar altres drets. Ara bé, aquest no és un dret, el del traspàs del poder, merament simbòlic, com sembla indicar Brennan, quan ens diu que podem substituir això per un monument a la igualtat, aquest argument és ridícul, quan no simplement cínic. Doncs, d'igual mode, podia haver-nos dit que podíem substituir l'eliminació de l'esclavatge per un monument contrari a l'esclavatge, absurd(2018:243).

El segon error fonamental que fa Brennan és considerar que la seva "Ciència Política" és una saber com els sabers de les ciències de la naturalesa, és a dir la Física o bé la Medecina. Però en aquest cas es tracta d'una ciència humana i és més que sabut que totes les ciències humanes, pròpies del marc epistèmic euro-occidental, tenen elements axiològics. És a dir, elements que no són socialment neutres, que són valors. Així, si jo dic que un meteorit caurà en un moment determinat en un lloc concret podem construir un consens universal, hi ha un acord que permet preveure i comprovar posteriorment el fet. Fet aquest que, en cap cas, no depèn de les creences, cultures o conviccions ètiques dels experts. Altrament al contrari tothom sap que en àmbits com els de l'economia o l'acció de govern les accions no són "neutres" sinó que aquestes afavoreixen uns o altres sectors de la societat. Per tant, la consideració de Brennan que hi ha una forma que és la correcta de governança i que és comparable, com ell diu, al saber mèdic és un acte de radical ignorància sinó es tracta d'una profunda mala fe.

En aquesta línia s'equivoca quan diu que la diferencia entre Monarquia, Aristocràcia i Democràcia rau en la forma com es distribueix el poder. Aquesta és una diferència de governança i la diferència fonamental no és aquesta sinó la Política aquella que respon a la qüestió: On resideix l'origen, base i fonament del poder?.

A aquests errors de base, afegeix Brennan tot un altre conjunt, aquests ja en l'estricte àmbit de la governança:

Primer, considera que la democràcia sols dona a cada persona, tot i que de manera igual, una porció molt petita de poder polític. És evident, que si els votants som tres el meu vot té més pes que si som cent milions, aquest fet, però, no impedeix, per petita que sigui la probabilitat, que el meu vot tingui pes (2018:124). Tenir poc pes no és el mateix que no tenir cap pes. I per cert, com exemple tenim que, sempre, aquesta probabilitat és més elevada que la de l'existència de vida a la terra i és clar que hi ha vida a la terra.

Segon, l'autor considera que la participació política ens converteix en enemics cívics (2018:140). Bé, és evident que en tota comunitat hi ha tensions, doncs tenim els éssers humans, com a mínim, concepcions del bé comú diferents. En tot cas, com sabem aquells que hem viscut sota dictadures, és molt preferible l'enemic cívic d'una democràcia que l'incívic dels règims dictatorials.

Tercer, per l'autor és el criteri d'instrumentalitat (ser instrument útil) el que justificaria les formes de govern democràtiques (com ja es sap els graus de participació de la ciutadania són molt diversos, fins i tot radicalment diversos, en les diferents formes de democràcies existents tant ara, com en el passat). És a dir, la democràcia sols és bona si permet escollir el millor (el més útil)(2018:285). És evident, tot fent repàs a la història que sols un cop passat un fet podem valorar si va ser útil o no, però, a més a més, mai podem saber si allò que no va succeir no hagués sigut millor i això, com he dit, sempre es tracta d'un acte de valoració i mai és una acció feta sota el criteri (neutre) de les ciències de la natura. I si aquesta debilitat del pensament és certa sobre el passat, del que en sabem per experiència alguna cosa, molt més dèbil és envers el futur del qual no en sabem res.

Quart, cal tenir present que els termes *legitimacy* y *authority* del món cultural anglosaxó, traduïts a la edició castellana per "legitimitat" i "autoritat" corresponen en realitat en el món llatí respectivament a "autoritat" (*legitimacy*) i "poder" (*authority*). La autoritat (*legitimacy*) no ve del govern, com diu l'autor, sinó que té origen i és atorgada pels governats; i el poder (*authority*) és exercit com domini pel govern . Per això, no és cert, com diu Brennan, que els ciutadans tinguin obligació moral de complir les lleis sinó que l'obligació sols és legal (de domini, és a dir de violència legal), sols des de concepcions autoritàries de la societat la llei té obligació absoluta (legal i moral)(2018:299). Així el llibre *"Contra la democracia"* és una bona versió, segle XXI, i ben dissimulada per una capa d'erudició, d'allò que ja al Regne d'Espanya havia sigut, en part del segle passat, el pensament polític correcte: la Acción Espanyola, la Unión Militar Espanyola, el franquisme o el falangisme, i que avui, en el règim del 78, es mostra sota aquest integrisme constitucionalista, de característiques colonials, que és compartit pels partidaris del 155 i especialment és *dogma* de l' alt poder judicial.

Observem ara el segon pilar de l'integrisme constitucionalista actual, es tracta d'un escrit que és clau en el procés de desvergonyiment de l'unitarisme imperialista espanyol. L'octubre de 2016 es publicava el llibre de M. E. Roca Barea *"Imperiofobia y Leyenda Negra"*, el llibre ha estat un èxit editorial, en el 2018 s'havien fet fins avui 25 edicions, i aquest és un èxit més que notable si tenim present que no es tracta d'una novel·la sinó d'un assaig de caràcter històric.

Constatat aquest fet vull fer sobre aquest llibre un conjunt de reflexions que considero ens ajuden a entendre una bona part de l'èxit. Aquestes reflexions que a continuació faré no tenen relació amb la veritat o falsedat de les tesis històriques que exposa el llibre ni amb la bona quantitat de dades presentades en el llibre, l'autora mostra abastament en el seu escrit un molt important grau d'erudició (tot i que calli dades i autors), sinó que intentaré, com he dit, respondre a la qüestió del perquè de l'èxit editorial i del perquè entre alguns àmbits polítics ha esdevingut un llibre políticament important. Un llibre aquest, que d'acord amb tot el conjunt de posicionaments ideològics que l'autora adopta, penso que, l'hem d'incloure tant dins el "revisionisme" històric de l'unitarisme imperialista espanyol com el ser un instrument important en el reforçament de les tesis pròpies del nacionalisme radical espanyol que s'ha anat imposant en l'actual acció política dels poders del Regne d'Espanya (*Deep State*) tot donant fonament, valors i arguments a l'integrisme constitucionalista present.

El llibre vol mostrar, a través de l'anàlisi de l'origen, les bases i els fonaments de la llegenda negra i de l'existència de l'odi cap el poder imperial (especialment l'espanyol) i que allò que hi ha no és altre cosa que una invenció, radicalment falsa, i generada (segons l'autora) pel nacionalisme (Roca Berea, 2016:330),

> *"La construcción nacionalista exigía que para ser un buen inglés había que ser anticatólico y antiespañol. El factor «anti» es una de las diferencias principales que existen entre el patriotismo y el nacionalismo. El primero puede existir por sí mismo y el segundo necesita de un enemigo, y si no lo tiene, lo fabrica. Se confunden habitualmente el uno y el otro, pero no pueden ser más distintos. El primero es un amor generoso y sin posesión, mientras que el segundo le dice al objeto de su amor «eres mía o de nadie; de ahora en adelante, yo decidiré cómo tienes que ser y lo que te conviene». El nacionalismo es enemigo siempre de la diversidad y confunde intencionadamente diferencias de opinión con la traición. Hay un último rasgo que los distingue. El nacionalismo suele servir de trampolín a un grupo que por medio de él consigue riqueza y engrandecimiento social,*

mientras que el patriotismo no reporta beneficios, sino más bien disgustos y esfuerzo. El uno es victimista por naturaleza y fabrica enemigos; el otro se muestra en sus sacrificios. Aunque suele ir el lobo disfrazado de cordero, estos tres rasgos suelen ser suficientes para diferenciarlos: el enemigo creado, la posesión y el provecho. El nacionalismo es una enfermedad que, como las tercianas, reaparece una y otra vez en Europa. A ella le debe la mayor parte de sus desgracias. La hispanofobia forma parte indisoluble de una buena parte de los nacionalismos europeos."

de frustrats i ressentits (Roca Berea, 2016:109),

"El antiamericanismo, como todas las leyendas negras, nace en el subsuelo de la frustración y es un fenómeno que tiene que llegar a la superficie maquillado, o sea, justificado por una serie de causas. De otro modo no servirá para aliviar el malestar que lo ocasiona. Brota en las profundidades abisales de los pueblos que tienen que vivir en la órbita de otro pueblo más poderoso —en general, por su propio interés —, hacia el que proyectan complejos y resentimientos."

que han de viure sota l'acció, generosa del poder imperial. Com diu l'autora, l'acció imperial és una expansió inclusiva que genera construcció i estabilitat a través del mestissatge cultural i de sangs (Roca Berea, 2016:658),

> *"El imperio es expansión incluyente que genera construcción y estabilidad a través del mestizaje cultural y de sangres. Con lo dicho, el colonialismo no tiene en común más que el movimiento de expansión inicial. No produjo ni mestizaje ni estabilidad. Es excluyente y basa su estructura en una diferencia radical entre colonia y metrópoli. Por contra, Roma replicaba a Roma, como España replicaba a España y Estados Unidos se replicaba a sí mismo en cada estado que se fue sumando a la Unión. Pero ni el colonialismo inglés ni el francés hicieron florecer otras Francias y otras Inglaterras."*

a diferència de la nacionalista o colonial. Aquestes, les nacionalistes, necessiten sempre un enemic a diferència del patriotisme (España) que és un amor generós i sense possessió. I aquesta tesi, sense cap vergonya, s'aplica a la situació política actual del Regne d'Espanya, així els contraris a aquesta pàtria no són res més que un conjunt de nacionalistes ressentits.

Tres elements destacaria com a contradiccions que sostenen la tesi profunda del llibre, la qual (com he dit) no és en realitat altra que la superioritat de tot tipus que presenta el patriotisme espanyol, entès aquest com un unitarisme imperialista.

El primer element és l'atac a tòpics com poden ser: que els tribunals de la Inquisició fossin una singularitat del Regne d'Espanya i fossin d'una especial crueltat, o que l'acció imperial sobre Amèrica per part del Regne d'Espanya fos més cruel que l'acció d'altres poders colonials posteriors. El llibre en aquest àmbit el que mostra és una lluita entre els poders occidentals del moment però en cap cas fa referència a aquells que patiren les accions del poder, silenci absolut sobre "els condemnats de la terra": no hi ha la veu de l'indi, no hi ha la veu del negre, no hi ha la veu de l'heretge, no hi ha la veu de la víctima real,... Al mateix temps, no deixa de ser curiós que aquest llibre tant donant a "denunciar" tòpics fa un ús escandalosament tòpic d'altres tòpics. Així la seva concepció sobre l'edat mitjana és radicalment tòpica, com ho és la seva concepció, d'arrel racista, que considera que sols hi ha una forma de "progrés": l'euro-occidental. Així, escriu coses com que el món feudal és un món per sobre de la llei (Roca Berea, 2016:526)

"*Ninguna de las razones aducidas por Elliot sirve para explicar el fracaso económico y la conflictividad en Sudamérica. Para afrontar este problema hay que mirar mucho más lejos y despojarse de muchos prejuicios. Hispanoamérica no podía ser un imperio, porque ya lo había sido. No es asunto de este libro, pero hago notar que los territorios de un imperio, cuando este se derrumba, pasan por una larga etapa de problemas sociales y políticos, y se ven arrastrados por toda suerte de tendencias disgregadoras que generan una enorme conflictividad. Y esto sucedió en Hispanoamérica y en España por igual. El feudalismo es el resultado de la caída del Imperio romano, esto es, del fracaso del Estado. Se genera automáticamente una situación feudal siempre que se produce esta quiebra estatal, porque el feudalismo no es más que la búsqueda de alianzas personales por encima de la ley. El mundo se vuelve demasiado inseguro para confiar en extraños. Consciente de que la situación de Hispanoamérica era pareja a la de Europa tras el fin del Imperio romano, Simón Bolívar dijo que era necesario dejar que América del Sur hiciera su Edad Media. De semejante manera, viven los Balcanes en un estado de angustia permanente. Las terribles guerras que allí se han comenzado tienen una relación directa con el final del Imperio otomano y el Imperio austrohúngaro. El Imperio español hizo durante varios siglos que el milagro e pluribus unum fuera posible, y cuando el imperio faltó, afloraron todas las diferencias de sustrato, que eran enormes, y lo que triunfó fue ex uno, plures."*

o que l'actual Amèrica hispana és un món endarrerit (adolescent) que ara fa la seva edat mitja (Roca

Berea 2016:110) *"...el mundo hispano (no España) está todavía haciendo su Edad Media y nadie puede predecir qué sucederá con esta parte del mundo, que no es precisamente pequeña, cuando salga de la adolescencia."*

Així el llibre que vol ser un llibre contra tòpics cau en aquells que són els més propis de la versió més reaccionaria que pot mostrar un pensament de "progrés" il·lustrat, euro cèntric i de superioritat colonial. Així, el llibre, sols canvia uns tòpics per aquells que són més agradables al no-nacionalisme de tot nacionalisme unitarista espanyol, el mateix que avui en dia sosté l'integrisme constitucionalista.

El segon element és la seva reflexió sobre l'acció a Amèrica del Regne d'Espanya. L'autora que és crítica amb l'espoli, amb l'apropiació del que és d'altri, i en com a Europa s'elaboren cobertures ideològiques o espirituals pel tal de justificar-lo (Felip IV de França o el règim nazi), no ens diu res de res d'això a l'Amèrica hispànica, com si no hi hagués hagut espoli allà, com si res d'això hagués ocorregut als territoris virregnals. Tot sembla, llegint el text, que Amèrica sols va ser una generosa activitat de caritat del Regne d'Espanya. Allà sols hi varen anar "els monjos soldats", tot i que aquests de Roca Barea molt em sembla que són els mateixos "monjos soldats" espanyols que ja fonamenta el nacionalisme radical conservador espanyol des de Menendez y Pelayo. Aquest nacionalisme radical que passant per *Acción Española,* va fins l'Espanya de Primo de Rivera que *"...fue a América, no por plata, sino a decirles a los indios que todos éramos hermanos, ..."* i va continuar pel que ha sigut un dels nacionalismes (*Bando Nacional*) més genocides del segle passat: el franquisme (cap a 400.000 víctimes).

El tercer element és que el nacionalisme, aquell que amara el text de Roca Barea, com altrament és cosa habitual amb el nacionalisme unitarista espanyol, no és mai nacionalisme. Aquest nacionalisme com diu ella és patriotisme i aquí hom s'inventa les categories que calgui per tal d'ocultar allò que realment des del segle XIX fins avui ha sigut aquest patriotisme (independència territoris d'Amèrica, guerres colonials d'Àfrica, caciquisme de la restauració, cop d'estat i genocidi franquista, la corrupció sistèmica del règim del 78, colonialisme intern,...) la defensa d'un estat colonialista. En tot cas aquest patriotisme es presenta com la pura bondat, els que d'ell participen mai han fet res deplorable, al contrari són tan bona gent que s'han arribat a creure allò que els seus enemics inventaven. Ells, doncs, sols són una comunitat d'éssers angelicals que es veuen sotmesos a patir l'ésser víctimes de l'odi d'aquells (els altres, els nacionalistes), el sofrir, calladament, el ser objecte de l'enveja dels altres. Aquests altres, que ressentits com són, no són capaços de reconèixer la seva grandesa i generositat.

En realitat la resposta al pamflet erudit de Roca Barea ja la va escriure el 1787 l'esclau de Ghana de nom

Ottobah Cugoano que en l'edició francesa del seu llibre *Réflexions sur la traite et l'esclavage de Nègres* ens fa clara la radical falsedat de la bondat colonial d'Espanya, així escriu Ottobah (2009:74)

> *"Sens dubte, no serveix de res demostrar que el bandolerisme dels europeus és la causa principal de l'esclavatge actual dels negres. Les colònies dels espanyols, situades a Àfrica i Amèrica, van fer estralls en totes les ciutats; la traïdoria i l'assassinat van ésser els fonaments del seu poder, i la crueltat i la barbàrie van ésser sempre el seu suport. Totes les altres nacions europees van adoptar els mateixos principis. Els cors es van endurir imperceptiblement. Es van arruïnar grans territoris; els depredadors, enriquits per les despulles dels pobres, van tornar al seu país per gaudir dels seus robatoris. El sòl era fèrtil, faltaven els braços, el saqueig era impossible. Els europeus, massa mandrosos i massa inhumans per estimar el treball, es van apoderar dels fugitius que podien atrapar. Els varen convertir en esclaus i els varen condemnar a un treball dur. Aquests desgraciats, poc habituats a un tractament terrible, es van consumir per la pena, i ben aviat la ma d'obra va tornar a faltar. Però els opressors havien vist que la seva feina es podia fer sense costar-los res. Aquest va ser l'origen del costum general de recollir i raptar els desgraciats estrangers que podessin treballar. Els portuguesos*

van ser els primers a robar negres. Aviat devorats per la set de guany, van cometre els crims més grans. Els espanyols imitaren els portuguesos; varen pensar que el comerç de negres els seria molt avantatjós i que els permetria viure en abundància i ociositat. Els francesos i els anglesos van fundar aleshores les colònies a les Antilles ".[1] (traducció pròpia)

---

[1] *"Sans doute, il n'est pas inutile de montrer que le brigandage des Européens est la cause première de l'esclavage actuel des Nègres. Les colonies des Espagnols accueillis en Afrique et en Amérique ravagèrent toutes les villes ; la trahison et le meurtre furent les fondements de leur puissance, et la cruauté et la barbarie en ont toujours été les soutiens. Toutes les autres nations européennes adoptèrent les mêmes principes. Les cœurs s'endurcirent imperceptiblement. De vastes territoires étaient ruinés; les déprédateurs enrichis des dépouilles des indigents retournaient dans leur patrie jouir leurs vols. Les sol était fertile, les bras manquaient, le pillage était impossible. Les Européens, trop paresseux et trop inhumains pour aime le travail, s'emparaient des naturels fugitifs qu'il pouvaient attraper. Ils les faisaient esclaves et les condamnaient à des travaux pénibles. Ces malheureux, peu accoutumés à des traitements affreux, étaient consumés par le chagrin, et bientôt les manœuvres manquèrent encore. Mais les oppresseurs avaient vu que leur ouvrage pouvait être fait sans qu'il leur en coûtât rien. Telle fut l'origine de l'usage général de ramasser et d'enlever les malheureux étrangers qui peuvent travailler. Les portugais furent les premiers qui volèrent les Nègres. Bientôt dévorés par la soif du gain, ils commirent les plus grands forfaits. Les Espagnols imitèrent les Portugais ; ils pensèrent que la traite des Nègres leur serait très avantageuse et qu'elle les mettrait à même de vivre dans l'abondance et dans l'oisiveté. Les Français et les Anglais fondèrent ensuite des colonies dans les Indes occidentales. "* Ottobah (2009:74)

Com podem veure, aquí ja està dit des de la veritable víctima i no pas des de l'adversari colonial europeu, per vergonya del colonialisme unitarista espanyol, fins on de cruel fou l'acció imperial del Regne d'Espanya.

Sols una darrera reflexió que no em sembla pas que tingui present Roca Barea en aquest exercici de desvergonyiment ideològic. És evident que tots el humans (no amorals, insensibles o cínics) ens avergonyim de coses que em fet en el passat i això tant en l'àmbit personal com en el col·lectiu. Així puc dir que jo considero tant membres de la meva comunitat com jo mateix aquells catalans que varen fer grans negocis amb el tràfec d'esclaus o aquells voluntaris catalans que amb el general Prim anaren *a l'Àfrica minyons a matar moros* o aquells que han col·laborat i participat tant en la dictadura franquista com l'actual corrupció sistèmica del règim del 78. I per ser accions fetes per membres de la meva comunitat no invento pas justificacions, simplement m'avergonyeixo d'aquest fets i els considero actes "criminals" fets per membres de la meva comunitat. Tampoc em busco excuses ni tapo la indignitat amb erudició i silencis – tot criminalitzant el sentit de comunitat que té el terme nacional – i menys considero que allò que em diu altri (qui com a víctima ho denuncia) no m'ho digui per justícia sinó que ho faci sols per odi cap a la meva comunitat, però l'integrisme constitucional del Regne d'Espanya rebutja qualsevol crítica ja que aquest és epistèmicament com les taules de llei: una veritat eterna i immutable. És un *dogma*.

92

Secció b. L'absurd del no ésser per tal de poder ésser.

1. El Regne d'Espanya destructor de la memòria històrica de Catalunya. Sixena, l'evidència.

Ningú pot dubtar que el trasllat de les obres de Sixena, que eren al museu de Lleida, cap al seu lloc d'origen i la continuïtat, sense cap reclamació ni retorn, d'obres de Sixena que es troben en altres museus del Regne d'Espanya, forma part de la destrucció de la memòria col·lectiva de Catalunya i dels forts lligams que amb ella tenen una part de territoris de l'Aragó. Es tracta d'una més de les accions de destrucció de memòria col·lectiva que ha exercit i exerceix l'estat colonial i imperial que és el Regne d'Espanya. En aquesta ocasió, es tracta d'anorrear la memòria històrica de Catalunya i acabar de destruir les ja dèbils singularitats, no espanyolistes imperials, que encara són presents a l'Aragó, arrasar culturalment la Franja. Tot i els fets ocorreguts recentment, és evident que aquesta voluntat d'anorreament la memòria d'un passat comú (aragonès i català) ja ve de lluny. En aquest cas, es va iniciar amb la creació del bisbat de Barbastro Monzón, promoguda per grups catòlics integristes i espanyolistes (els mateixos que avui en dia formen part de l'integrisme constitucionalista espanyol) i es tracta d'una acció, primordialment, realitzada amb la intencionalitat de fer desaparèixer les singularitats culturals de la Franja.

Que la reclamació dels bens de Sixena es fes sols segons el lloc on aquests es trobessin, i no fos una qüestió de recuperació de tot un conjunt de bens, ara, no presents al seu monestir d'origen, deixa ben clar que no es tracta pas d'un conflicte de retorn patrimonial. Com, per exemple, ho va ser el cas de l'obelisc d'Aksum, robat per les forces d'ocupació de la Italià feixista a Etiòpia. Tot el contrari, és tracta en aquests moments sols d'una acció de domini imperial–colonial del Regne d'Espanya sobre Catalunya. Tal com han anat els esdeveniments, mostra prou semblança conceptual amb altres formes i maneres en que ha exercit i exerceix el poder per tal d'anorrear una memòria col·lectiva. Així, en la present acció hi ha aspectes que fan de l'ocorregut una versió suau del fenomen de ruptura amb la memòria tot escindint-la de tot record patrimonial. No és més que una varietat de les accions de destrucció de la memòria d'un col·lectiu humà, les quals es fan a través de l'eliminació de bens o amb l'apropiació cultural del bé per part d'una altra cultura. Exemples del dit ho són: per una banda les que es produeixen en conflictes violents (l'arrasament de patrimoni bosnià en la darrera guerra de Iugoslàvia, l'eliminació i espoliació de bens fetes pel DAESH a l'Iraq, els bombardejos aliats per tal d'anorrear el patrimoni alemany), o per una altra banda aquelles que es fan sota els paràmetres del domini colonial –extern o intern– i de l'imperialisme (l'altar de Pèrgam és a Berlin, l'escriba assegut és a Paris, el Partenó és a Londres, la Dama d'Elx és a Madrid).

Què ha facilitat aquesta acció concreta dels poders del Regne d'Espanya al Museu de Lleida? L'instrument que ha facilitat l'ocorregut ha estat sense cap mena de dubte el "cop d'estat" del 155. Del qual, encara que s'amaguin, en són responsables directes tots i cadascun d'aquells grup polítics i socials que han donat suport al 155. Altrament, això no vol pas dir que aquesta acció s'hagués pogut evitar si no hagués ocorregut el 155. Malgrat sigui cert que la situació present ho ha facilitat enormement, l'estatus habitual de "colònia interna" (autonomia) que té Catalunya no ha estat mai cap garantia de protecció de res, tal com veiem amb la llengua del país.

Malauradament el succeït no és limita al Museu de Lleida, sinó que tot plegat va molt més enllà. D'aquesta manera tenim que tot i l'estatus de "colònia interna" de Catalunya, que ja el text constitucional garantia i reafirmava i que el cop d'estat de febrer de 1981va consolidar, el 155 ha esdevingut una arma fonamental per a la constitució del que podem anomenar un "nou exèrcit d'ocupació". Aquest "nou exèrcit d'ocupació", cal dir-ho, actua sempre dins els paràmetres de la democràcia il·liberal pròpia del Regne d'Espanya. Es tracta d'una democràcia de mínims. Una democràcia, de grau zero, que sols existeix per tal de defensar els interessos econòmics que de caràcter europeu té l'oligarquia de la Cort. Democràcia que està limitada a la finalitat que l'Estat compleixi amb els llindars mínims necessaris per tal de poder romandre i no ser expulsat de la Unió Europea.

Aquest "exèrcit", que ha reforçat actualment la seva presència a la comunitat i que ha executat les darreres accions de reforçament de l'espanyolització imperial a Catalunya, està format:

En primer lloc, per l'alta administració de l'Estat que actua tal com actua qualsevol administració colonial de la comunitat minoritària.

En segon lloc, pel poder judicial dels Alts Tribunals del Regne, els quals són l'instrument clau, sempre que el *dogma* de la unitat de la pàtria espanyola es considera qüestionat, per a la "legalització dels actes de força" exercits pel Regne d'Espanya (siguin els que siguin) i construint, si cal posteriorment, la seva legalitat. Tribunals d'una administració de justícia que els informes de la Unió Europea situen entre els més polititzats i menys independents que hi ha als països de la Unió.

En tercer lloc, les policies – principalment Policía Nacional i Guardia Civil– que, com eines de la "violència legítima", són precises per tal sotmetre a la comunitat als interessos de l'oligarquia de la Cort. Aquestes executen els "actes de força legalitzats" per tal de garantir la llei i l'ordre del Regne d'Espanya entre la gent del territori.

En quart lloc, totes aquelles persones o grups que, en el propi territori, formen part: dels elements polítics (Estructura polític-administrativa de la Generalitat autonòmica, partits polítics del règim 78, etc.) i de les estructures organitzatives econòmiques (Foment de

Treball, Círculo de Economia, Fòrum Pont Aeri, sindicats estatals, etc.). Tots ells defensen i protegeixen els interessos i el *"botí"* de l'oligarquia del Regne dins el territori català.

Res ens permet pensar que aquestes accions d'apropiació i eliminació de memòria singular s'aturin. Sols podem observar allò que si que sembla clar i que cal preveure que s'aturaran són els processos de recuperació de memòria ja iniciats com: l'obertura de foses de víctimes de les tropes franquistes, el reconeixement de les accions il·legals cap a les víctimes de la dictadura franquista (sentències judicials, etc.), el reconeixement dels abusos policials i judicials del règim del 78, etc. Processos tots aquests que l'oligarquia de l'Estat ha considerat, de manera reiterada, contraris al seus interessos.

Paral·lelament cal esperar més actuacions per part d'aquest "nou exèrcit d'ocupació" en l'àmbit de la cultura i de l'educació, actuacions que ja realitzades sense aturador no sembla pas que cap sobirania catalana els pugui posar aturador

Com per exemple: el dificultar el desenvolupament de qualsevol singularitat de memòria patrimonial que no es limiti a ser un vulgar regionalisme folklòric, l'impedir qualsevol acte de memòria col·lectiva que suposi l'establiment de lligams entre la comunitat dels catalans i altres comunitats humanes amb les que comparteixi elements comuns (llengua, institucions històriques, etc.)

i tot altre fet cultural que sigui contrari a la imposició d'un espanyolisme colonial i imperial.

2. L'autodestrucció.

Les darreres formes del catalanisme institucional (Pujolisme i Maragallisme) crec que mostraren els seus límits així com també el seu fracàs en l'entorn de l'Estatut del 2006. I a hores d'ara tenim que aquest Estatut del 2006 no és altra cosa que la garantia de la continuïtat de la comunitat catalana com una minoria nacional sotmesa a la situació de "colònia interna" del Regne d'Espanya. És a dir, és un text que legalitza que Catalunya sigui una "colònia interna" sotmesa a l'espanyolisme imperialista i colonial. No ens ha pas d'estranyar que aquest text legal sigui considerat per una bona part de la comunitat de Catalunya com un text il·legítim, ja que és del tot evident que aquest estatut no és sols que no sigui producte de la voluntat de la comunitat catalana sinó que ha estat imposat per una institució aliena a la sobirania catalana. Institució aquesta, el tribunal Constitucional del Regne d'Espanya, que, com una bona part dels meus conciutadans, la considero absolutament degradada. Degradació institucional que és fa evident observant aquest tribunal sota els paràmetres propis d'allò que és una democràcia lliberal europea.

És evident que el marc Estatutari present ens indica el camí cap a la dissolució com a minoria nacional a través d'un procés d'assimilació i regionalització espanyolista, d'aquí l'aferrissada defensa que d'aquest text en fan tots els partidaris de l'integrisme constitucional i del revisionisme sobiranista.

Cal tenir també present que la nostra minoria nacional en aquests moments no solament té l'obligada nacionalitat espanyola sinó que també té la ciutadania europea i en conseqüència amb totes les limitacions, cada cop majors, que en la defensa dels drets i les llibertats practica la Unió Europea, tot fa pensar que l'extermini físic de la meva minoria nacional no és pas una qüestió que els poders del Regne d'Espanya puguin realitzar tant ferotgement com en el passat. Tot i que vist l'ocorregut i l'expressat en nombrosos medis de comunicació de l'estat em permet dir que, a molts, no els desagradaria que succeís. Ara bé, que això no sigui realitzable amb aquest grau de brutalitat no vol pas dir que aquests mateixos poders no executin accions de mesura menor. Accions aquestes adreçades cap a la desaparició, a través de la combinació d'alts graus de violència policial, executada amb la col·laboració de l'extrema dreta espanyolista (com la practicada durant la Transició), amb una actuació judicial d'aplicació continuada del "dret de l'enemic" i, afegit a això, una forta pressió social per tal d'assolir la decisió d'autodestrucció de la meva minoria nacional. Tinguem present que una continuada acció d'aquest tipus podria no ésser excessivament denunciada per part del poders europeus i per tant ser fàcilment executada per part del Regne d'Espanya.

Ara bé com sempre cal tenir present que la capacitat d'autodestrucció depèn , fins i tot en les més cruels i dures circumstàncies, de la pròpia minoria nacional. D'aquesta manera ens correspon a nosaltres l'assolir els camins que ens portin a escapar d'aquesta extinció comunal tot creant les condicions polítiques, econòmiques i socials que ens permetin la reproducció i continuïtat com a comunitat nacional.

Capítol 3. Fugir de l'extinció comunal.

És evident que l'escrit fins ara aquí sols pretén entendre millor la realitat comuna sota la qual viu la meva comunitat. Això ho he anat fent des de la consideració que cal que aquesta no renuncií a la seva sobirania popular sinó vol ser extingida com a comunitat. Si tenim present que tota sobirania una comunitat l'exerceix sempre en un territori (Goikoetxea, 2018:32), és evident que les reflexions fetes a continuació són per tal que la comunitat d'aquest territori, que coneixem com a Catalunya, existeixi i es reprodueixi d'aquella manera que lliurament i d'acord amb allò que en l'exercici dels seus drets sobirans els seus membres considerin millor.

En el primer capítol ja he indicat que sols hi ha dos camins per tal de fugir qualsevol comunitat nacional de l'extinció com a comunitat diferenciada i aquests són o bé continuar formant part de l'antic estat colonial en l'estatus que es coneix com a estat confederat (allò que en el nostre entorn en el passat se n'ha dit Federació Ibèrica) o bé existir com un estat nacional sobirà i independent de l'antic estat colonial i que les relacions amb aquest siguin les habituals relacions interestatals. Ara bé, en la situació actual de Catalunya no solament hem de reflexionar sobre aquesta qüestió en el nostre marc de colònia interna del Regne d'Espanya sinó que cal incloure el nou àmbit que és l'estructura política de la Unió Europea.

Tal com acabava el segon capítol cal buscar les formes i maneres de construir aquelles estructures col·lectives que ens permeten lliure i democràticament el continuar sent una comunitat nacional, un col·lectiu de solidaritat i valors compartits. En els temps presents això sols és possible si es tenen col·lectivament les institucions, organismes i serveis propis d'una estructura d'Estat. Fet aquest que el nostre actual estat colonial, el Regne d'Espanya, ni possibilita ni permet. Tot el dit comporta la necessitat d'una ruptura radical amb el catalanisme regionalista (autonomista) i el limitar-nos a esser allò que som, catalans, i com a tals una comunitat sobirana. La construcció d'aquest sobiranisme català és la qüestió que a continuació intentaré exposar.

Secció a. El miratge de la federació ibèrica.

1. És possible després de l'1 d'octubre continuar a Espanya sense ser-ne una "colònia interna"?

Hem pogut observar com alguns dels vells "intel·lectuals esquerrans" espanyolistes, tant si són constitucionalistes reformistes del 78 (unionistes o federalistes) o integristes constitucionalistes, a diferència d'allò que podíem haver esperat ni varen fer ni fan grans escarafalls per la repressió de l'1 d'octubre ni per aquesta suposada "dictablanda", que va essent actualment el poder del Regne d'Espanya fora del territori de Catalunya, ni de la menys "dictablanda" i més "dictadura" que, dia rere dia esdevé, el règim del 78 en relació amb la opció democràtica de la construcció d'una Catalunya Republicana. Escassament algun d'ells va gosar demanar aturar la repressió cap el sobiranisme català. I com no, ja resulta més que sorprenent que algun d'ells demani ni que sigui , finalment, algun tipus de clemència cap a l'exercici per part d'una minoria nacional del seu dret d'autodeterminació. Tot i que pel mateix preu, de la mateixa manera ells que són tan valents quan demanen el dret de sobirania d'algunes minories nacionals (Tibet,...), podrien tenir la petita valentia de demanar també la de les minories nacionals presents dins el Regne d'Espanya, físicament al menys molt més properes. I encara podrien ser més generosos amb molts altres que, igualment, a tocar seu són objecte de represàlia per part de l'actual règim i exigir la llibertat de tots ells (els d'Altsasu, els Rapers i tot un llarg etcètera). I ja seria fantàstic si s'atrevissin a exigir responsabilitats polítiques i judicials a tots els encarregats i executors d'aquesta repressió. Però, segurament seria demanar-los massa perquè ells no són mai nacionalistes espanyols, ells sols són universalistes i cosmopolites.

Ja sé que alguns d'ells, sobre tot els d'aquí, varen estar especialment preocupats per la continuïtat del 155 i pel fet que el govern a la Generalitat sigui sovint per l'Estat considerat quasi com un govern enemic, sobretot quan vol ser alguna cosa més que una simple administració de la misèria autonòmica. Tot i això, és curiós però que no els va preocupar, gens ni mica, ni l'aplicació del 155, ni la il·legal i il·legítima destitució del govern, és a dir la radical mostra de la negació de l'existència de la sobirania de Catalunya. També és cert que alguns, d'aquests vells "intel·lectuals" orgànics de l'esquerra espanyolista, van dient que la situació de l'actual Regne d'Espanya no és pas tant greu, que nosaltres exagerem quan gosem insinuar que la nostra situació és la de viure sotmesos a un poder polític autoritari i com a tal a un poder que s'exerceixi de manera discrecional. I ens recorden aleshores, que amb la dictadura franquista tot era una altra cosa, però que ara no n'hi pas per tant i així van fent, més i més, xerrameca buida de la seva. És a dir, estan prou contents i refets amb l'actual, diguem-ne, "dictablanda" que acompanya la monarquia franquista dels borbons i són complaents amb la situació de "colònia interna" sota la que ens trobem, humiliats i espoliats, tot el conjunt de la ciutadania de Catalunya.

Algunes vegades, fins i tot, diuen que si les coses s'han "complicat" no és pas a causa de la corrupció institucionalitzada del règim del 78, sinó que tot el contrari la responsabilitat és de tots aquells que s'han queixat o oposat a tal com estaven les coses, són ells els que han despertat enfront el franquisme, o el falangisme o el feixisme o el colonialisme, tots aquests són els responsables reals de despertar aquell monstre que ens havien dit que estava dormint, el supremacisme espanyolista. Doncs, no. I evidentment cal dir-los que, no estava dormint, era allà viu i ben viu, érem nosaltres els narcotitzats per un règim que dia rere dia ens empobria humanament, materialment i colonialment. I ara, som nosaltres els que hem despertat i ells aquests "intel·lectuals esquerrans" qui encara, en aquests moments, continuen fent de mainaderes d'aquest monstre, encara que l'anomenin "patriotisme constitucional".

I és que encara que ho neguin formen part fonamental d'un Estat que és i actua com un estat colonial cap a molts dels col·lectius humans que el configurem. I, el seu problema és que no hi ha equidistància possible entre una metròpoli colonial i les "colònies interiors", o bé hom està al costat del poder colonial (i no fer res en contra d'aquest poder és estar al seu costat) o bé hom hi és oposat. És a dir, o bé és defensa la sobirania dels pobles o bé és defensa el domini de la metròpoli. No hi ha equidistància possible entre l'expressió de la llibertat de votar un "referèndum", encara que no sigui legalitzat pel poder de la metròpoli, i l'exercici de la "violència legal" per part de les forces policials de la metròpoli. I que per cert, potser hauríem de demanar a la Unió Europea que, alguna vegada, ens expliqués per que considera que hi ha una diferència substancial entre l'ús de la força militar contra ciutadans de la Unió Europea i l'ús d'unes forces policials fortament armades, amb característiques militars (com són actualment els cossos policials especials), en contra d'una ciutadania europea desarmada i indefensa. Ja que potser igual resulta que no hi ha cap diferencia substancial entre els dos casos i simplement aquesta és una dada més que mostra la decadència i crisi de la Unió Europea.

Però, deixo de banda la Unió Europea que ha mostrat abastament en molts àmbits el seu cinisme i el cada cop més baix grau de fonamentació política de caràcter democràtic (sobirania popular). I tot continuant amb la solidaritat, ingènuament, esperada; sols vull fer algunes reflexions sobre aquesta "equidistància" intel·lectual, que s'ha fet pornogràficament tan visible darrerament entre molts "esquerrans" espanyols. En virtut d'aquesta superioritat de l'equidistància s'ha tractat com igual allò que no és mai igual. I s'ha fet això per que se'ns ha descarnat a tots aquells ésser humans que em viscut els darrers esdeveniments col·lectius del nostre estat. I és que l'equidistant no pensa mai l'humà com un ésser viu concret, de carn i ossos, i que és tot un conjunt de coses concretes aquelles que el fan un humà (el seu sexe, la seva comunitat, la seva raça, la seva cultura, la seva religió,...), sinó que pensa que tot humà és igual a qualsevol altre i en fa un individu descarnat. Aquesta "equidistància" universalista i cosmopolita és la que el porta, finalment, a considerar igual el dominador que el dominat, ja que l'únic que hi ha són individus. I els individus són simples objectes de llei i ordre, al contrari que els humans els quals som subjectes d'ètica i legitimitat a les que cal sotmetre sempre la llei i l'ordre.

D'aquesta manera, després de l'experimentat els darrers anys, enfront de tots els "equidistants" i els "intel·lectuals d'esquerra" que m'envolten sols puc dir-los, a hores d'ara que no espero, evidentment, res d'ells, ni un gram de solidaritat, i tant és així que vist tot el que ha passat darrerament sols em queda dir-los que: "*Ara ja, Espanya? Ni la republicana*". La immensa majoria d'ells, així com els partits d'esquerra o bona part dels sindicats espanyols, han mostrat que a l'hora d'escollir entre els drets humans o la seva pàtria espanyola escollen i prefereixen aquesta. Res d'estrany, sols segueixen un camí semblant a aquell que ja varen observar els seus homòlegs francesos en els moments de la lluita anticolonial per la liberalització d'Argèlia. Un cop observats aquest fets, per dur que sigui sentir el silenci d'aquells que creiem amics, sols puc cloure que hi ha una impossibilitat absoluta que la meva comunitat nacional continuï formant part del Regne d'Espanya d'alguna manera que no sigui com a "colònia interna".

2. El mite de la transició: el parany del règim del 78.

Tot repensant fets recents això m'han portat a veure com de despullat dels atributs propis d'un sistema de llibertats democràtiques era el règim del 78 i és que tal com diu Cuixart (2019:Pos.166–168): *"El judici polític que hem viscut no és cap anomalia històrica. Quaranta anys de dictadura van deixar pas a una transició anòmala i incompleta. La unitat d'Espanya no pot estar per damunt dels drets humans. Per això, la construcció de la República catalana també esdevé una oportunitat de radicalitat democràtica per al conjunt de l'Estat."*

La Transició ha estat portada als altars dels mites patriòtics del Regne d'Espanya, fet aquest que per si sol ja ens ha de fer sospitar sobretot envoltats com estem de les múltiples corrupcions econòmiques i polítiques que presenten les estructures del règim del 78 (partits polítics, sindicats, governs, institucions i organismes estatals,...). Potser la Transició va tenir molt d'ajornament de l'armadura de poder fonamental de la dictadura a través de blanquejar-la amb la més mínima possible capa de democràcia, és a dir construir una democràcia de baix cost.

Veiem en aquesta línia que sense cap vergonya molts intel·lectuals orgànics són capaços encara avui de repetir-nos per tal de consolar-nos, com escriu Rodríguez (2015:24): *"...aquella letanía del «no se pudo ir más allá pero se hizo lo que se pudo, nuestra democracia es como la de los demás». Paradójicamente, el antifranquismo y la izquierda sirvieron para rodear y completar en términos culturales lo que no se logró en términos políticos, económicos y sociales."*

I aquí crec que cal afegir-hi també tot el que no es va assolir en defensa del respecte dels drets de les minories nacionals.

En aquest mite d'impotències de la Transició cap el règim del 78, no ens ha pas d'estranyar que es dissimulin fets com el nombre de víctimes humanes d'aquest període, entre 1975 i 1982, que va ser de 700 víctimes mortals de les quals 530 ho varen ser per accions terroristes i com diu Sánchez (2010:276), a més a més, 188 morts ho van ser per la violència política d'origen institucional. És evident doncs que aquest nombre de víctimes és molt superior per exemple a les produïdes en la guerra d'independència d'Eslovènia. També, i sobretot l'esquerra orgànica del règim del 78, amaga el fet prou clar que la reforma executada finalment era fonamentalment aquella que fou pensada ja des dels franquistes i que es va realitzar amb la necessària col·laboració, quan no col·laboracionisme, de les cúpules d'aquests partits de l'esquerra del règim del 78 (PSOE, PCE). Com diu Rodríguez (2015:86) referint-se a Manuel Fraga:

> *"Con escaso error de cálculo, el político pasó los cuatro años siguientes, hasta la muerte del dictador, pensando en esa reforma «posible». Su separación del gobierno en 1970, su posterior experiencia como embajador en Londres (1974-1975), así como sus continuos contactos con personalidades, tanto del gobierno como de la oposición, empujaron rápidamente su modelo de reforma. El proyecto político acabó por quedar definido como una suerte de democracia atemperada, un canovismo adaptado, en sus propias palabras, «una Segunda Restauración»: dos grandes partidos políticos, uno a derecha y otro a la izquierda, pero siempre galvanizados en torno al centro como eje de equilibrio de la política española. La sucesión pacífica de uno y otro, el «turnismo» como en la vieja monarquía, serviría de salvaguarda frente a todo exceso, todo cambio traumático."*

A això s'afegí per una banda una estructura constitucional allunyada de la participació ciutadana i feta sota la mentalitat pròpia de l'autoritarisme d'una democràcia d'auditoria (*output legitimacy*), com clarament diu Rodríguez (2015:161):

> *"La Constitución de 1978 fue escrita por la nueva clase política, que salió de los restos renovados del franquismo político y de una oposición democrática cuya relación con el espacio social de movilización ya empezaba a cuartearse. Por mucho que se celebrase posteriormente, y por mucho que el propio Otto apuntase a la Constitución de 1978 el enorme mérito de separar claramente constitutio y régimen, lo cierto es que aquella acabó por determinar la forma de un nuevo régimen político que ya estaba in nuce en aquellos años. La Constitución selló la partidocracia que dominaría los siguientes treinta años sin ninguna integración sustantiva de nuevas formaciones partidarias, al tiempo que fijó unos débiles instrumentos de participación directa y de reforma interna. Dejó los derechos sociales como un asunto meramente «informativo». Y blindó la reforma a cualquier iniciativa que no contara con el apoyo de los dos grandes partidos. En cierta forma, la caducidad de la Constitución estaba destinada a coincidir con la del propio régimen que finalmente sancionó. "*

A això cal afegir la dependència econòmica radical tant dels partits com dels sindicats de les estructures de l'estat i de l'oligarquia de la Cort, Rodríguez (2015:204)

"..., el nuevo sistema de partidos se completó con un generoso sistema de subvenciones a cargo del Estado. El régimen de financiación quedó regulado por medio de una fórmula que convertía automáticamente el número de votos y representantes en dinero contante y sonante, con la sola exclusión de aquellas formaciones sin representación. La financiación del Estado alcanzó, en 1979, la considerable cifra de 1.651 millones de pesetas. Pero como la orden de transferencia sólo se daba una vez verificados los resultados, el endeudamiento se convirtió en un resultado obligado, al menos si se querían mantener las burocracias partidarias y acometer unas campañas electorales cada vez más espectaculares. Aquí está la razón de la cordialidad de los grandes partidos hacia el oligopolio bancario que en esos momentos empezaba a sufrir los primeros síntomas de la fuerte gripe que padecería durante los primeros ochenta. El régimen de subvenciones se extendía tanto a los grupos parlamentarios, como por abajo a las escalas autonómicas y locales. Y convirtió la obtención de diputados nacionales, autonómicos y concejales en la principal fuente de financiación partidaria a cargo de las haciendas competentes.

De ser el «instrumento fundamental para la participación política», los partidos se estaban convirtiendo a velocidad de vértigo en meras prolongaciones del Estado, instrumentos de un pluralismo moderado a cargo de las haciendas públicas. Su escasa afiliación y sus aún más escasos recursos internos dejaron de importar."

Altrament a això cal afegir el que escriu a *La transición sangrienta* Sánchez (2010:3):

"Al reflexionar sobre el peculiar tránsito hacia la democracia en España, la historiografía concluye que la liquidación del régimen franquista no supuso la desaparición, ni siquiera un cambio esencial, de muchos de los aparatos e instituciones del antiguo Estado. La Administración gubernamental, el aparato de Justicia, el Ejército, la Policía y la empresa pública apenas sufrieron transformaciones en los decisivos años de la transición política y se incorporaron al nuevo régimen democrático escasamente reformados."

D'aquesta manera tot un conjunt tant d'institucions, organitzacions o estructures les entenc com a continuadors, no sols del franquisme, sinó de tot l'autoritarisme que arrossega el Regne d'Espanya. Tant de l'anterior a la segona República com el posterior a aquesta. Així, prefereixo sempre no tenir cap, ni la més mínima, relació amb els entorns del poder judicial, doncs tinc cap a aquests una malfiança absoluta. És més, fins i tot, la tinc cap aquelles organitzacions judicials que s'acostumen a considerar "progressistes". Sento que l'administració judicial actua amb excessiva impunitat o amb sancions irrisòries cap els grans delictes econòmics, i molt especialment quan es tracte de membres que formen part de l'oligarquia de la Cort i en canvi es mostra exageradament dura cap els petits delictes econòmics. I al mateix temps, i de forma majorita, considero que les seves sentències en ocasió d'accions ciutadanes que posen en qüestió aspectes polítics del règim del 78 són d'una absoluta falta de legitimitat, tan il·legítimes com aquelles sentències que foren dictades en el període de la dictadura. Sentències aquestes que, per cert, el Regne d'Espanya ha estat incapaç, fins avui, de declarar-les jurídicament nul·les, evidenciant un cop més la seva forta dependència de les estructures i formes de fer pròpies de la dictadura franquista.

A això i afegeixo la meva malfiança cap els organismes que exerceixen la "violència legal". D'aquesta manera tant pel que fa a l'exèrcit espanyol com pel que fa a la policia (Policia Nacional i Guardia Civil) en sento massa profundes les seves relacions amb la dictadura. I encara que sé que no pas tots els seus membres són partícips de formes autoritàries, sí que molts fets mostren de manera repetida que una bona part dels seus membres i sobretot molts dels seus comandaments són persones ideològicament lligades a l'autoritarisme i a ideologies pròpies de l'extrema dreta d'arrels franquistes.

He dit abans que una de les deficiències democràtiques del règim del 78 és la manca de consideració dels drets col·lectius de les minories nacionals i no ens ha pas d'estranyar, doncs ja en el seu moment es va voler ocultar aquestes minories tot fent un estat pseudo-federal, entès aquest sempre com si les minories nacionals sols fossin una varietat regional de caràcter folklòric del nacionalisme imperialista espanyol, així com diu Rodríguez (2015:159):

"En definitiva, el Estado autonómico, regulado a trazo grueso en la Constitución, no respondió a un modelo de Estado plurinacional formado por cuatro o cinco «nacionalidades», con relaciones estables (federales) dentro de un mismo marco estatal, algo que la izquierda, así como las «minorías» vasca y catalana habían defendido sobre la base del derecho de autodeterminación. Pero tampoco se articuló, de una forma que hubiera sido mucho más consecuente, según un modelo federal democrático, en el que el territorio se considerara el «instrumento inmediato» de organización de la vida política y por el que la descentralización concluye con un mecanismo de construcción de las decisiones de «abajo a arriba». Durante la última mitad del siglo XIX, este había sido el proyecto político de la tradición federal española; la única en

el país que podría representar una opción política radicalmente democrática. El resultado fue una chapuza política y jurídica. "

D'aquesta manera de la Transició com escriu Rodríguez (2015:352):

"... se puede decir que la Transición supuso un cambio político y cultural, pero apenas un cambio social. Ni las clases medias, ni los tradicionales sectores oligárquicos, ni el capitalismo familiar español atravesaron este periodo con mayor amenaza a sus intereses que la meramente retórica. Esta fue la cláusula intocable de los acuerdos entre el reformismo franquista y la izquierda política."

I jo hi afegiria la continuïtat ideològica, tant entre el franquisme (reformista o no), com entre l'esquerra espanyola, així com entre amplis sectors dels nacionalismes perifèrics (pujolisme, pnvisme, etc.), de l'espanyolisme imperialista i colonialista. Si bé, sovint, tot això tapat en el nostre país o per un espanyolisme ocult (l'espanyolisme universalista i cosmopolita) o per un catalanisme regionalista, el qual es limità tot ell a fer el mateix que la metròpoli, és a dir:

"... la continuidad social entre ambos regímenes fue paradójicamente donde menos se esperaba, en el discurso. El término que mejor sintetiza el proyecto político de las nuevas élites democráticas fue el de «modernización». En sentido lato, la «modernización» apenas supone un desplazamiento real, aunque las distancias aparentes sean abismales, respecto del «desarrollo» que propugnó el franquismo y que al mismo tiempo trató de servir a su legitimación. El término «modernización» es polisémico. Históricamente ha significado «homologación con Europa»: Ilustración, ciencia y laicismo. En los años setenta, modernización se podía traducir por democracia, derechos civiles, libertades. No obstante, a pesar de esta pátina «progre», aderezada a veces con algo de picante —las «libertades morales»—, aquello a lo que la «modernización» se refería, especialmente en términos materiales, respondía al mismo cuadro hecho de crecimiento, progreso, orden y estabilidad, que se podía observar en las sociedades desarrolladas y «de clases medias» de Europa occidental. Un modelo que el desarrollismo franquista, si bien con menor acierto, había querido imitar. Sin los aderezos autoritarios de la dictadura, sin la caspa social y el conservadurismo cultural que este inevitablemente implicaba, la idea no era muy distinta a la que practicó la tecnocracia, la

clase política del último franquismo." (Rodríguez, 2015:351)

3. *La Unió Europea: un frau democràtic i una estafa econòmica?*

Després dels darrers fets polítics i socials ocorreguts a Catalunya crec que és bo fer-se una sèrie de preguntes sobre la Unió Europea, com les que a continuació plantejaré. Qüestions aquestes que segurament ens hauríem ja d'haver fet fa temps. Ja que, podria ser que, degut al nostre estatus de "colònia interna" del Regne d'Espanya i a les greus conseqüències que això ens comporta, fóssim encara més perjudicats pel fet de ser membres de la Unió Europea i que, de manera ingènua, haguéssim viscut, tot aquest temps, sota un miratge de bondats que eren radicalment errònies. Així, per veure això em plantejo les següents qüestions: Què fa que mai es posi majoritàriament en qüestió si la Unió Europea és bona o dolenta per a la nostra minoria nacional? Per una altra banda, si com ens diu l'experiència no sembla pas que en l'àmbit del Regne d'Espanya es pugui confiar del tot en el respecte d'alguns drets democràtics i molt especialment aquells que tenim com a minoria nacional, ens proporciona aleshores la Unió Europea, com a ciutadans seus, garanties democràtiques cap el respecte d'aquests drets tant individuals com col·lectius? Potser que la Unió Europea sols sigui, realment, un assumpte de caràcter econòmic i si fos així, seria aleshores aquest afer econòmic, la Unió Europea, favorable pels interessos majoritaris dels membres de la comunitat catalana?

És cert que respostes a aquestes qüestions ja han estat donades, diverses vegades, però sempre des de marcs mentals diferents a aquells que faré servir aquí. Així, aquí les respostes a aquests interrogants les donaré des del catalanisme de(s)colonitzat, és a dir, d'aquell pensament polític que manté que la comunitat catalana és l'únic subjecte políticament sobirà i, en conseqüència, és en aquest col·lectiu on rau la base i el fonament de tota llei i governança comuna.

Veiem la primera pregunta: Què fa que en el meu entorn quasi bé mai es posi en qüestió la Unió Europea? És evident que en el període de la dictadura franquista, l'oposició democràtica veia a Europa com un espai de llibertat i així era. Ja que, sobretot, per restringides que fossin les llibertats polítiques als països de formaven part de la Comunitat Econòmica Europea, fins i tot entre les minories nacionals aquestes llibertats, sempre, eren infinitament majors que les nul·les d'aquells que vivíem sota el "Fuero de los Españoles". Ara bé, al mateix temps poques vegades es va tenir present que sovint aquests estats, com d'altres democràcies liberals, durant el franquisme aclucaren els ulls mentre aquí patíem la criminalitat de la dictadura. Sols feien alguna queixa quan les seves opinions públiques els ho exigien. Aquesta connivència estatal ha estat des del 78 oblidada, no l'hem tingut clarament present i ens ha fet creure que estats, que en el millor dels casos garanteixen les llibertats dels seus ciutadans, serien garants de les llibertats de ciutadans d'altres estats. Ara hem vist clarament que no i, tot i així, sembla que no es pugui posar en qüestió la institució comuna que els hauria de garantir, la Unió Europea. Es curiós que, mentre fem tot el que podem per treure'ns de sobre el règim opressiu del 78, acceptem, quasi bé sense crítica, una organització que ha mostrat reiteradament la seva insensibilitat humana (l'austericidi de la seva ciutadania, l'acceptació d'una immoral política de refugiats, etc.).

La segona qüestió: Si com ens diu l'experiència no sembla pas que en l'àmbit del Regne d'Espanya es pugui confiar del tot en el respecte d'alguns drets democràtics, ens proporciona aleshores la Unió Europea, com a ciutadans seus, garanties democràtiques vers el respecte d'aquests drets? De temps ençà ha quedat més que palès la falta de garanties democràtiques cap aquells que són considerants ciutadans espanyols (abús de les presons preventives –cas Altsasu, presos polític catalans, etc.–, lentitud o inacció – corrupció política partits règim 78, etc.–, condemnes al Regne d'Espanya del TEDH –no investigar tortures, les devolucions en calent, Atutxa, etc.–). Molts aspectes de les darreres reformes legislatives fetes ho han estat en la línia de la restricció de llibertats civils i d'un augment de les pràctiques autoritàries en l'exercici del govern. Tot plegat s'ha fet amb el silenci més absolut per part dels estats europeus i dels organismes i institucions de la Unió Europea. Això em porta a pensar si no serà cert que tant la Carta dels drets fonamentals així com la resta de tractats de la Unió Europea, en els articles que no tracten dels drets de les oligarquies econòmiques, aquests tractats no són sinó uns escrits tant buits i morts com ho són alguns articles de la Constitució del Regne d'Espanya. Fet que no passa amb els articles que defensen dels interessos de l'oligarquia de la Cort.

La tercera interrogació: Potser que la Unió Europea sols sigui, realment, un assumpte de caràcter econòmic? Si tinc en compte la influència que les decisions de les diverses institucions de la Unió Europea (Parlament, Consell, Comissió, Tribunal de Justícia, Banc Central, Tribunal de comptes) tenen sobre el viure diari dels ciutadans europeus, sense cap dubte considero que la més influent és el Banc Central. Institució a la que queden sotmeses les polítiques econòmiques possibles de tots els estats membres de la Unió i que està dirigida sota els principis d'una política econòmica de caràcter radicalment neoliberal i amb un nul control per part de l'únic organisme que depèn de la sobirania popular: el Parlament europeu (Goikoetxea, 2018:38-45). La força política mostrada per aquest organisme, nul·lament democràtic, és evident i sols cal comparar-la amb la de les altres institucions. Si ens fixem amb el Regne d'Espanya, habitual incomplidor de la legislació i dels acords europeus (refugiats, ...), és un fidelíssim complidor de les instruccions del Banc Central Europeu (austericidi, rescat bancari,...).

La quarta interpel·lació: És aquest afer econòmic, la Unió Europea, favorable als interessos majoritaris dels membres de la comunitat catalana? La resposta a la qüestió la donaré des del principi que em porta a considerar que una comunitat econòmicament rica no és aquella que té els individus amb més fortuna del món, sinó aquella que no té ciutadans que visquin en la pobresa. És a dir aquella on els ciutadans tenen sobirania sobre les decisions dels executius. Però com diu Goikoetxea (2018:33) *La Unión Europea (UE) es uno de los dispositivos clave de este proceso de privatización global llevado a cabo mediante las corporaciones, los ejecutivos estatales y la privatización de lo local*". I és així que els fets mostren que, des de la nostra entrada a la Unió, els nivells de pauperització de la població no han disminuït, l'atur entre els joves no s'ha reduït, la "precarització" laboral ha augmentat, etc. Per tant, no em sento pas capaç d'afirmar que el ser ciutadans de la Unió Europea ens hagi estat, com a comunitat, econòmicament favorable. No puc doncs pas afirmar que ésser ciutadà de la Unió Europea suposi necessàriament alguna millora econòmica i ni tant sols, puc dir, que aquest fet hagi corregit els danys econòmics, tant individuals com col·lectius, que ens ocasiona el nostre estatus de "colònia interna" del Regne d'Espanya.

*Secció b. L'afirmació comunitària:
L'autodeterminació.*

1. Despatrialitzar i deslocalitzar el catalanisme.

És cert que el reconèixer-nos com una comunitat colonitzada (colònia interna) no és pas una qüestió gaire acceptada, sinó que avui en dia encara és un fet més aviat minoritari i no m'estranya pas això, doncs el reconèixer la pròpia feblesa i migradesa mai resulta complaent. Ara bé, agradi o no, això és així ja que Catalunya com a territori sota el domini del Regne d'Espanya compleix, com ja he exposat, totes les característiques que exigeix l'aplicació d'aquesta categoria de "colònia interna". Quina és o són, aleshores, les raons per les quals la majoria dels membres d'aquesta comunitat no fan servir aquesta categoria per tal d'entendre quin és el seu veritable estatus com a membres del Regne d'Espanya. Per què, fins i tot, hi ha un rebuig a veure'ns tal com som: súbdits del Regne d'Espanya?

Si és cert que el gènere de cada criatura humana no és altre que aquell que ella mateixa s'atorga, sigui aquest: femení, masculí o un tercer, i que si li fos assignat el gènere per un altre ho consideraríem un acte de violència inacceptable. En canvi, pel que fa a la condició d'adscripció nacional d'una comunitat es considera tolerable, tant en el marc del Regne d'Espanya com en el de la Unió Europea, que siguin subjectes aliens a la pròpia comunitat aquells que els assignin a aquests la nacionalitat. Així, com si es tractes d'un nou "*pater familias*" del món romà, que en els dies posteriors ("*dies lustricus*") de néixer una criatura humana pogués determinar si l'ésser nascut és fill o filla o bé resulta que aquest és un ésser no humà i aleshores caldrà deixar-lo morir. D'igual manera, el poder del Regne d'Espanya ha decidit que una comunitat, que es considera a ella mateixa de nacionalitat catalana, sigui nacionalment espanyola i prou. I encara que pugui estranyar-nos, a ningú sorprèn que es pugui realitzar un acte de violència col·lectiva del grau que té aquest. Així, a través d'aquesta acció s'assigna a una comunitat d'éssers lliures una condició col·lectiva que no sabem pas si ella se l'atorga a ella mateixa i es fa d'una manera tant violenta i cruel com si, encara avui en dia, un *pater familias* pogués dictaminar la humanitat d'un nou nascut.

Amb això vull deixar clara la violació de drets que de forma continuada realitza el nacionalisme imperialista i colonial espanyol a les seves minories nacionals. Violació aquesta que podem observar ja no sols en el passat més llunya en els processos més clàssics de colonialisme (Amèrica, Àfrica,...) sinó també en la continuïtat dels actes de violència realitzats en el propi territori peninsular, que van des dels crims del nacionalisme espanyolista franquista (*Los Nacionales*) fins a la tolerància, quan no contemporització dels poders de la Cort, amb la violència i la delinqüència del nacionalisme espanyol totalitari (assassinat de Guillem Agulló, etc.) i tot, bellament, sostingut si cal per l'integrisme constitucional espanyol, dissimulat sovint sota l'etiqueta de "constitucionalisme patriòtic".

Aquesta violència no és solament nominal, no es tracta pas que en uns documents consti que hom és allò que no és, sinó que aquest fet comporta tot un seguit de conseqüències vitals. La fonamental de les quals és el viure col·lectivament com una comunitat sotmesa a l'explotació d'un poder colonial aliè.

És cert que el catalanisme tradicional, sigui tant aquell que de forma general es considera de dretes i que segueix la línia de la Renaixença dels Jocs Florals, de Prat de la Riba, de Cambó, de Pujol, etc. com la línia del catalanisme tradicional d'esquerres: la Renaixença dels "xarons", de Clavé, de Valentí Almirall, de Companys, de P. Maragall, etc., ha estat pensant la seva acció des de l'àmbit de la pàtria espanyola i des d'aquell lloc geogràfic que es sosté en el símbol mental d'aquell mapa polític pintat sobre el mapa físic de la península ibèrica. És a dir: renovar el Regne d'Espanya (si cal, en la seva versió simulada de la República Espanyola) pensar la minoria nacional catalana com si fóssim necessàriament una subclasse dins la classe superior que és la dels espanyols. Per tant, considero que, tot aquest llarg temps, ens hem estat pensant no des de nosaltres mateixos sinó des d'allò que el colonitzador ha imposat en les nostres estructures de coneixement, no eren les nostres categories mentals sinó les seves. Ho hem estat fent amb un pensament colonitzat. I tant és així que els fets ocorreguts des de les ocultacions dels actes de tortura i tot el grapat de censures en l'entorn dels Jocs Olímpics del 92 fins els darrers fets (1 d'octubre, el 155, els judicis farsa, criminalització dels CDR,...) ens mostren que l'acció feta sota el pensament d'un catalanisme colonitzat ens porta a un cul de sac, el cul de sac de les "reserves ètniques".

No hem pas ni d'avergonyir-nos ni de menystenir-nos per ser súbdits d'un poder colonialista. Allò que ens cal és assolir la llibertat i dignitat humana col·lectiva i, si volem fer els primers passos cap a deixar d'ésser una comunitat sotmesa al poder imperial-colonial del Regne d'Espanya, ens cal fer com a mínim dues primeres correccions sobre el pensament catalanista, que ens portin a l'oblit d'aquest verí que ha sigut i és el catalanisme en el camí d'assolir la nostra sobirania i dignitat col·lectiva:

En primer lloc, ens cal despatrialitzar Catalunya. Els catalans ni som xarnegos, ni som catalans de sang, ni altres bestieses d'una epistemologia política d'arrels colonials, un parany, aquest, on sovint fins hi tot l'esquerra catalana ha caigut. És a dir, a Catalunya les persones que hi viuen i creixen som catalans si ho volen ser, aquesta és la condició necessària i suficient per ésser comunitàriament membre de la nació catalana, i tant és quins siguin els seus costums, creences, parlars, etc.. No és la pàtria qui ens fa a nosaltres catalans sinó la nostra pròpia voluntat de participar d'un món simbòlic comunitari, és la creació conjunta d'una màtria comuna. Els catalans no tenim ni pàtria ni raça, nosaltres com a catalans l'únic que tenim és comunitat i veïnatge, elements aquests que fan aquesta màtria nostra. Aquesta màtria no és pot concretar d'altra manera que amb la construcció d'un Estat territorialitzat (Goikoetxea, 2018:31), d'aquell Estat que ens permeti la reproducció i continuïtat d'una societat més justa i igualitària, doncs com diu Goikoetxea (2018:136): *"... es el Estado-nación y no la economía global quien distribuye y, por lo tanto, proporciona el bienestar de la ciudadanía mediante su institucionalización territorializada"* i (Goikoetxea, 2018:134):

"El territorio cambiará continuamente sus referencias y connotaciones, sus funciones y densidades, pero la democracia, tanto global como local, no puede funcionar sin territorializar la responsabilidad y la legitimidad política, ya que no solo las poblaciones deben ser territorializadas para empoderarse o capacitarse para el autogobierno, sino que el bienestar y la dignidad colectiva son prácticas territorializadas, precisamente porque los cuerpos son necesariamente un fenómeno territorializado (espacialidad y materialidad específicas)"

En segon lloc, ens cal deslocalitzar el nostre pensament sobre la pròpia comunitat. Ésser catalans sols té sentit com a projecte de construcció comuna, ésser catalans sols és una manera de viure i construir entre totes les seves criatures una comunitat, la qual des de la llibertat i la sobirania comuna, conjuntament (la ciutadania catalana), decideix com conviure essent comunitat. Cal així pensar-nos fora de les categories mentals que ens imposa l'imperialisme-colonial de l'estat espanyol. Ens em de pensar fora de totes les seves estructures de domini, ens cal una comunitat pròpia, justa. Ja no hem de caure en paranys com pot ser el voler reformar el Regne d'Espanya, sinó iniciar el nostre avenç tot descolonitzant-nos i essent, com no pot ser d'altra manera, solidaris amb les altres comunitats sotmeses a les violències colonials, tant siguin les peninsulars que viuen supeditades a les arbitrarietats de l'oligarquia de la Cort del Regne d'Espanya, com les d'altres territoris de la Unió Europea o del món. Així com, ens cal sempre el tenir molta cura en no esdevenir mai nosaltres subjectes colonitzadors d'altres.

2. El comú d'un catalanisme de(s)colonitzat.

Com he dit suara, a Catalunya no és la pàtria qui ens fa a nosaltres catalans sinó la nostra pròpia voluntat de construir una màtria comuna qui ens en fa. Els catalans no tenim ni pàtria ni raça, nosaltres com a catalans l'únic que tenim, insisteixo, és comunitat i veïnatge.

Tot i que el coagulant fonamental per tal que una comunitat ho sigui és la voluntat dels seus membre de ser-ho, es troben també sempre en tota comunitat elements singulars que la caracteritzen. En el cas de Catalunya cal tenir també presents aquells elements singulars que en sostenen la diferència; en aquest cas tenim tres elements que fan d'aquesta comunitat i veïnatge una comunitat i veïnatge que es diferència d'altres que viuen en la península ibèrica.

Quins són aquests elements? Aquests elements, al meu parer, són: primer, haver tingut en alguns períodes sobirania pròpia (total o parcial) i diferenciada de la que tenien d'altres comunitats peninsulars; segon, haver elaborat i posseït al llarg del temps un dret civil divers d'aquell que regia en altres pobles peninsulars; i tercer, emprar una llengua, entre altres parlars d'aquesta comunitat, que és diversa d'altres parlars presents al Regne d'Espanya i és coagulant comunitari. És evident que aquests tres elements han tingut múltiples transformacions al llarg del temps, les mateixes transformacions que ha tingut aquesta minoria nacional. Però, crec que no m'equivoco si dic que la majoria dels membres d'aquesta comunitat els consideren tots tres, els tres tractats en el seu conjunt, fenòmens presents en ella i no en altres comunitats. De manera tal que podem considerar-los com una singularitat d'aquesta comunitat i com a tals elements amalgamadors d'ella.

Cal dir, però, que tot i la importància que puguin tenir aquests tres elements, sense un projecte de sobirania popular comuna no podem en cap cas dir de cap col·lectivitat que aquesta sigui una comunitat, ja que sense projecte comú es limitaria aquesta a ser una simple agrupació, una massa de gents.

Dit això, voldria fer ara algunes reflexions sobre la situació actual d'aquests tres elements que he esmentat (sobirania, dret i llengua).

La sobirania. És evident que observant la contemporaneïtat tenim que la sobirania pròpia de Catalunya o bé no ha existit (dictadura franquista) o bé sols ha set reconeguda com una pseudosobirania, merament consentida i sempre sota la sobirania de les estructures de poder del Regne d'Espanya (el fals federalisme autonomista del règim del 78). És a dir, manca d'allò que en l'àmbit polític és el propi d'una comunitat singular: l'ésser reconeguda com sobirana i diferent d'altres i que l'exercici de la seva pròpia sobirania li permet decidir quina és la seva forma de governança i quins són els lligams que vol, lliurament, tenir amb d'altres comunitats. És evident que el col·lectiu dels membres d'aquesta comunitat que és Catalunya, en tant que "colònia interna", no la poden exercir.

El dret civil. En aquest àmbit, el règim del 78 va accedir a la capacitat de renovació i actualització del continguts d'un dret civil propi de Catalunya, fet que de no haver sigut possible hagués conduït el dret civil català a ser un text moribund; però darrerament aquesta transigència de la metròpoli que permetia la renovació del dret propi s'ha vist afectat, en alguns dels seus nous articulats, a sols poder ser un dret d'una legislació inferior a aquella que elaboren els organismes legislatius centrals del Regne d'Espanya. Altrament, cal tenir present que, pel conjunt de la població, aquest element en una societat com l'actual és un element que mostra i fa publica la singularitat comunitària d'una forma molt més feble que no ho fan els altres dos elements (sobirania i llengua), fet aquest que no vol pas dir que no sigui el dret civil propi un element fonamental doncs pertany als usos i costums d'una minoria nacional.

La llengua. És del tot evident que la llengua catalana és una característica d'aquesta societat i que és un bé col·lectiu de tots els seus membres, en sigui o no la seva llengua habitual. És evident que en la Catalunya d'avui en dia hi ha una importantíssima presència de la llengua espanyola així com una presència menor d'una gran multiplicitat de llengües i parlars diversos. És evident, també, que aquesta llengua, que com he dit és un bé comú de tots els membres d'aquesta comunitat, a diferència d'altres llengües com poden ser l'espanyol o l'anglès mundialment usades, precisa, si la comunitat la vol preservar, d'algun grau de protecció. És cert que entre els membres d'aquesta comunitat hi ha altres llengües que també si es volen preservar precisen de protecció, com poden ser llengües de catalans d'origen africà (Mòore, Igbo, Tagal, etc.). Ara bé tot i la vàlua de totes aquestes llengües, aquestes presenten un ús territorial principal diferent que el del català, d'igual manera que el català dels parlants que viuen a Madrid o Nova York no es troba pas en el seu territori d'ús lingüístic principal.

Tot i que sé que hi ha qui pensa i diu que les llengües no tenen territori, considero què qui sosté això comet un greu error elemental, ja que les llengües sí tenen un territori, doncs no hi ha món simbòlic sense territori. Quin és el territori d'una llengua? El seu territori no és altre que el dels seus parlants, són aquests els que fent ús de la llengua, donen a aquesta un espai i la causa d'això és que com criatures humanes, els parlants, no poden viure sense fer-ho en un lloc (temps i espai concrets).

Podem sostenir que no cal fer cap acció de protecció de les llengües i deixar-les desemparades i sotmeses a un darwinisme neoliberal que tot ho uniformitza, la tesi preferida dels suposats no nacionalistes, els universalistes i cosmopolites, és a dir els colonitzadors en qualsevol lloc del món. Però si considerem que la llengua és un bé comú a preservar, d'igual manera que preservem un paisatge, una construcció, un costum, etc., és del tot evident que cal fomentar-ne el coneixement i l'ús en el seu territori principal, i també cal ser conscient que l'espai, ni que sigui solament mental, que ocupa aquesta llengua no pot ser ocupat en el mateix moment per una altra. És a dir, l'ús en un moment temporal concret del català exclou l'ús en aquest mateix moment de qualsevol altre llengua, d'igual mode que l'ús d'una altra llengua exclou el català. Tot i que això no ens ha pas de dur a confondre aquesta exclusivitat temporal que té tot parlar amb l'existència d'un bandejament general cap l'ús d'altres llengües, que passaria pel seu menystenim o prohibició, fet que fins ara sols ocorre des de la legislació lingüísticament colonial del Regne d'Espanya cap a les llengües de les minories nacionals.

Insisteixo doncs en aquesta consideració: si la comunitat vol preservar, tot i les transformacions a les que es troba sotmès tot parlar, les formes d'emparaular, és a dir de posar en paraules el món que presenta el català, li cal una acció de protecció de la llengua entre la comunitat del territori. I això sense oblidar que tot això que he dit també és aplicable, tot canviant els elements, a la comunitat de la Val d'Aran.

3. La màtria i el seu valors diferencials del "patriotisme constitucional"

Al llarg del text la meva voluntat com ja he dit és posar fonaments per tal d'ajudar-nos assolir la definitiva descolonització d'una Catalunya que és "colònia interna" i fer-ho des de nous valors. Uns valors radicalment oposats als propis de la nostra pàtria colonial, són aquells valors que repugnen als partidaris d'allò que, molts de nosaltres tant hem llegit, del "Todo por la patria", són els valors contraris del "A por ellos". Com ja he insistit aquí es tracta de construir conjuntament un nou Estat que sigui una màtria comuna i això precisa ja, de bell començament, de valors i maneres de fer radicalment estranyes i alienes a tot patriotisme. Així plantejo a continuació la bondat de dos valors anticolonials, antipatriòtics i antipatriarcals, el primer és la dignitat humana de la covardia i el segon és la noblesa del fingiment davant de la violència del poder.

a. La dignitat humana en temps de covardies.

Ja fa temps vaig anar a veure Fort Breendonk a prop de Brussel·les. Aquest lloc va estar, durant l'ocupació alemanya de Bèlgica, sota el control de membres del SS alemanys i flamencs. La fortificació es va usar com a camp de concentració i també com a camp de trànsit cap a altres camps de concentració i extermini. Allà, mirant una de les vitrines, hi vaig veure la fotografia d'un presoner, no en recordo el nom i escassament l'aspecte. Però allò que fa que sovint em vingui a la memòria és el que explicava el text sobre ell. Es tractava d'un home jueu que un cop pres, per tal d'evitar el seu trasllat cap un camp d'extermini, havia denunciat a tota la seva família (els fills, la dona, els pares). Els denunciats varen ser presos i enviats a l'extermini.

Si el text hagués dit que l'havien mort perquè s'havia negat a parlar, de ben segur, no l'hagués tingut present mai més i si em passa que amb freqüència em ve al pensament, és just a causa de la seva covardia. No es tracta pas que em vingui al cap ara de nou, sinó que molt sovint, tot recordant allò que va fer aquest home, penso en la covardia. I així, m'he preguntat què deu ser la covardia i què deu ser allò que als éssers humans ens pot fer tant covards, fins a arribar a trair-ho tot.

Si em pregunto quan sóc covard, he de respondre que ho sóc quan ja no em sento capaç, quan estic esgotat, quan ja no puc més i dic prou, quan ja em deixo anar. D'aquesta manera crec que totes les criatures humanes esdevenim covardes, que a tots ens passa el mateix, que tots arribem al punt de la impotència. La única diferència entre nosaltres és en quin instant diem prou i ens aturem, en quin instant ja no ens tenim a nosaltres mateixos, en quin moment ja no ens regim més per la pròpia voluntat sinó que quedem sotmesos a una voluntat aliena. Això fa que quan penso en aquell home jueu i en quina pot haver estat la causa de la covardia, considero que la causa d'aquesta no va ser altra que el poder dominant que estava sobre ell. Poder constituït per aquells humans que, des de la seva voluntat, havien decidit que ell i els altres jueus com ell eren éssers que devien deixar d'existir. Aquell poder, exercit sobre ell i materialitzat en l'actuació dels membres de les SS, va ser l'instrument que va generar la covardia del presoner. Ell no va ser res més que una criatura humana que no va poder més i que, a partir d'aquell instant, fou desposseït d'ell mateix.

Així si ens preguntem: Què fa "covard" a un home que, ja envellint-se, veu com el seu sou esdevé miserable i el dia de la vaga no la fa i treballa, ja que té pànic de ser acomiadat i quedar-se a l'atur per sempre més. O bé, què fa "covarda" a aquella dona que renuncia a separar-se de l'home que la menysté, ja que tem el rebuig social. O, què em fa a mi "covard" quan escrit aquest llibre vigilant el que dic sobre com actua la policia del Regne d'Espanya amb la seva suposada "violència legitima" en contra de les persones sinó que temo ser denunciat a la justícia.

La resposta, a totes aquests preguntes, és que qui fa a l'humà covard no és altre que aquell humà concret que exerceix el domini i el poder sobre altres humans, aquell que s'apropia dels cossos dels altres, del pensament dels altres, de la feina dels altres, és a dir, aquell humà o humans que s'apropien dels altres humans deixant-los buits de la seva humanitat. Són aquests els que fan covards, és la seva violència la causa de la covardia de l'altre. Són aquests els que fan un acte doblement immoral: primer apropiant-se de l'altre i deshumanitzant-lo i segon fent-lo culpable d'haver estat apropiat (covard).

Per una altra banda, aquest mateix humà, que posseeix el poder deshumanitzador de l'altre, és qui crea la imatge antagònica del covard, la de l'heroi. Qui és aquest "anti-covard" anomenat heroi? Considero que en la nostra cultura l'heroi és un subproducte de la idea de màrtir. Aquesta creació del cristianisme hel·lenista, el màrtir, que es fonamenta en el concepte "atlètic" de l'heroi grec. La idea del màrtir és per a mi l'arrel que fonamenta els herois moderns i contemporanis. Quan pensem en qui són, veiem que es tracta de criatures humanes víctimes, no voluntàries, de les accions violentes (guerres i altres) que són causades per aquells humans, concrets, que tenen el poder i que sols el volen ampliar o mantenir, fent ús per a això de tots els instruments de domini que puguin materialment usar. De manera tal, que són, aleshores, els mateixos dominadors els que acaben fent de qualsevol víctima humana un covard o un heroi. A més a més, en el nostre entorn cultural, i sobretot després de la creació de la història de l'estat-nació, existeix una forta relació entre les idees d'heroi i de patriota. En aquest sentit el terme "patriota" el considero un terme especialment pervers per la dignitat de la criatura humana. Les circumstàncies me l'han presentat sempre així, el meu viure , sense ni tan sols jo voler-ho, m'ha fet un humà sense desig de cap "pàtria", és més, fins i tot avui en dia quan veig la paraula escrita en edificis militars o semblants em porta bafarades de la criminalitat franquista i em resulta nauseabunda. És evident que les criatures humanes tenim sempre pertinença a una comunitat i, en aquest sentit, jo tinc una comunitat que és la meva "màtria". En el meu cas es tracta d'una "màtria" de la qual molt sovint els seus membres s'han vist sotmesos a la "violència legal" del "patriotisme" imperial i colonial espanyol. Com a conseqüència d'aquest fet, no soc "patriota" ni tan sols d'aquell "patriotisme constitucional" que alguns dels que expliquen les bondats del règim de 78 mostren posseir. "Patriotisme constitucional" aquest que es predica per tal de netejar memòries totalitàries i fer passar per decent la continuïtat oculta d'un passat indecent.

Ara bé, allò que aquí m'interessava era entendre la covardia dels humans i un cop vist que el covard és una criatura humana a la que s'ha desposseït violentament de la seva humanitat i a la que el desposseïdor l'acusa d'aquesta mancança i la fa culpable d'ella, això fa que no em senti capaç ni de rebutjar al covard ni d'admirar l'heroi. És més, he de dir que cada cop que penso en un ésser humà que és considerat covard allò que sento és pietat i empatia cap a ell, entenc que la seva debilitat no és altra que la meva, que la seva buidor no és sinó la meva. Que ell soc jo i que jo soc ell.

b. Per què fingir davant la legalitat il·legítima?

Sovint una més que dubtosa tradició ètica que, lligada a l'heroi olímpic i a la tradició atlètica grega, va impregnar bona part de l'ètica cristiana no semítica ens ha portat a fer del màrtir l'exemple a seguir. Així nosaltres, amarats d'aquesta tradició com estem, encara sovint vivim lligats i sotmesos a aquest mite moral del poder.

La creença en la bondat d'aquest mite no és pas en el nostre present un fet menor, ja que és permanentment usada per part dels servidors del *dogma* del Regne d'Espanya amb la finalitat de menystenir i reprovar a aquells dels nostres conciutadans que, obligats, accepten la Constitució del 78. I és què, ni ells ni nosaltres volem ser víctimes innocents de la persecució o del càstig judicial, producte de l'actuació, sovint il·legítima, del poder judicial del Regne. Si cal hem de fingir l'acceptació de la legalitat constitucional del 78, malgrat que la considerarem il·legítima, doncs limita l'exercici sobirà de les llibertats civils de les minories nacionals en el Regne d'Espanya.

Veiem, dia darrere dia, com s'acusa de forma impròpia a legítims ciutadans lliures i a representants polítics de la ciutadania de Catalunya d'haver facilitat i col·laborat per tal que els catalans podéssim participar en actes que són, en tota democràcia liberal, els propis de qualsevol acció política. Hem vist també com després, sense cap tipus de vergonya, s'exigia a aquestes víctimes que acceptessin allò que el poder del Regne d'Espanya considera, d'acord amb el seu *dogma*, que és el legal. I tot això, malgrat que aquestes víctimes ho considerin il·legítim. A això cal afegir-hi que si les víctimes es sotmeten a les exigències del poder, per tal de no esdevenir uns màrtirs, aleshores els servidors del *dogma* els acusen arreu i per tots els mitjans d'ésser uns covards, i això quan no els difamen atribuint-los el ser uns traïdors envers els seus conciutadans.

Si a l'apartat anterior parlava de la dignitat humana de la covardia, ara en aquí, pensant en el que acabo d'exposar defensaré la profunda dignitat humana de la *taqiyya*. Què és la *taqiyya*? La *taqiyya*, que és un concepte de la cultura islàmica, és el dret de tot humà a l'ocultació de les seves conviccions (religioses) quan es troba sota un ambient hostil o de persecució; de fet l'arrel de la paraula àrab té el sentit de protegir, guardar,... És a dir, es considera sempre, davant una situació inclement, que la vida humana és un bé superior i com que es creu que Déu, que ja coneix la interioritat de tot ésser humà coneix la causa i la veritat d'aquesta ocultació, amb la seva infinita misericòrdia fa que no sigui aquesta ocultació un acte reprovable.

He de dir que jo mateix he practicat, diverses vegades, una *taqiyya* civil, així quan vaig començar a treballar com a professor vaig o bé jurar o bé signar, no ho recordo massa, que compliria els "Principios Nacionales del Movimiento", no vaig tenir cap voluntat de màrtir i, clarament, en cap moment ni vaig tenir aleshores ni he tingut posteriorment cap penediment de haver-ho fet. Tot i que, evidentment, tampoc vaig tenir mai la voluntat de complir allò que essent legal era profundament il·legítim.

Així, tot veient com van les coses en aquest estat, que és l'actual Regne d'Espanya, no considero ja que, tot i les radicals diferencies que semblava presentar la Constitució del 78 amb aquells "Principios", sigui la *taqiyya* civil un acte incorrecte. I és que, un cop vistes les accions de domini dutes a terme pels governs del Regne, des de fa bastant temps, difícilment puc ja considerar que aquelles diferències, entre els règims anterior i l'actual, siguin substancials en molts aspectes i sobretot quan observo tot un conjunt de qüestions que fan referència a la pràctica quotidiana de l'acció de govern sobre aquesta "colònia interna" que és Catalunya. És evident que, actualment, l'exercici d'un ampli ventall de les llibertats polítiques, a les que els catalans tenim tot el dret són, encara avui en dia, motiu de persecució policial i judicial.

Davant d'aquest fet soc un partidari radical, per tal d'evitar l'acció violenta de l'estat, de la *taqiyya* civil. És més no és tant sols que rebutgi el considerar la *taqiyya* civil un acte reprovable sinó que, fins i tot, la considero una pràctica virtuosa.

En conseqüència crec que els ciutadans de Catalunya, no sols no hem de rebutjar a tots aquells conciutadans que per tal d'evitar formar part d'un martirologi absurd practiquen la *taqiyya* civil, sinó que els seus practicants han d'ésser admirats per tots nosaltres. I no solament això, sinó que si cal, a més a més, que tots nosaltres ens fem partícips a tota hora d'aquesta *taqiyya* civil i practicar-la contínuament. Practicar-la així en front d'aquest poder cruel cap a nosaltres que és l'actual Regne d'Espanya. Un poder que sols defensa la seva *tribu*, el seu *botí* i el seu *dogma*. Un poder que ens considera una "colònia interna" i que com a tal ens vol situar en aquella frontera abismal on, fora de la dualitat legalitat/il·legalitat, els humans es veuen obligats a viure sota la violència de l'alegalitat que els infligeix la metròpoli.

Bibliografia.

Abed Al-Jabri, M. (2007) *La raison politique en islam.* Paris. Éditions la Découverte.

Brennan, J. (2018) *Contra la democracia.* Barcelona. Ediciones Deusto.

Cuixart, J. (2019) *Ho tornarem a fer.* Barcelona. Ara Llibres.

Cairo, H., Grosfoguel, R. (ed.) (2010) *Descolonizar la Modernidad, descolonizar Europa.* Madrid. IEPALA.

Castro-Gómez, S., Grosfoguel, R (ed.) (2007) *El giro decolonial. Reflexiones para una diversidad epistémica más allá del capitalismo global.* Bogotá. Siglo del Hombre Editores.

Fanon, F. (1968) *Les damnés de la terre.* Paris. Maspero.

Ginés de Sepúlveda, J (2012) *Tratado sobre las justas causas de la guerra contra los indios.* México. Fondo de Cultura Económica.

Goikoetxea, J. (2018) *Privatizar la democracia.* Barcelona. Ed. Icaria.

González Casanova, P. (2003) *Colonialismo interno (una redefinición).* México. Universidad Nacional Autónoma de México.

Ngũgĩ Wa Thiong'o (2017) *Descolonitzar la ment.* Barcelona. Ed. Raig Verd.

Ngũgĩ Wa Thiong'o (2017) *Desplaçar el centre. La lluita per les llibertats culturals.* Barcelona. Ed. Raig Verd.

Ottobah Cugoano (2009) *Réflexions sur la traite et l'esclavage des Nègres.* Paris. Éditions La Découverte.

Roca Berea, M. E. (2016) *Imperiofobia y leyenda negra. Roma, Rusia, Estados Unidos y el Imperio español.* Madrid. Ediciones Siruela.

Rodríguez López, E (2015) *Por qué fracasó la democracia en España. La Transición y el régimen del 78.* Madrid. Traficantes de Sueños.

Romeva Rueda, R. (2019) *Esperança i llibertat.* Barcelona. Ara Llibres.

Sánchez Soler, M. (2010) *La Transición sangrienta. Una historia violenta del proceso democrático en España (1975-1983).* Barcelona. Editorial Península.

Sousa Santos, B. de (2010) *Descolonizar el saber, reinventar el poder.* Montevideo. Ediciones Trilce.